Anja Constance Gaca • Christian Gaca

Von guten Eltern ...
und glücklichen Paaren

Anja Constance Gaca
Christian Gaca

Von guten Eltern ...
und glücklichen Paaren

*Die Kinderjahre entspannt
gemeinsam bewältigen*

Kösel

Inhalt

Einleitung

Als Eltern von mittlerweile vier Kindern kennen wir die Höhen und Tiefen, die jedes Kind für die Paarbeziehung mit sich bringt. Auch im beruflichen Alltag ist Anja als Hebamme jeden Tag mit diesem Thema konfrontiert, wenn sie Paare auf die Elternschaft vorbereitet und sie auf dem Weg in ihr Elternleben begleitet. Seit 2013 schreiben wir gemeinsam auf www.vonguteneltern.de über Familien- und Hebammenthemen – viel aus Mutter- und Hebammensicht, aber immer wieder auch von der Warte des Vaters aus.

Viele Eltern beschäftigen sich heute ausführlich damit, was ihre Kinder brauchen und wie sie sie am besten bei einem glücklichen und geborgenen Aufwachsen begleiten können. Nicht selten werden dabei die eigenen Bedürfnisse und die des Liebespaares vernachlässigt oder sogar vergessen. Dabei ist eine gelingende Elternbeziehung das beste Fundament für ein Kind.

Dieses Buch zeigt die Veränderungen und Hürden auf, die Paare erleben können, wenn sie ein Kind bekommen. Wir beleuchten Hintergründe und geben alltagstaugliche Tipps, die Eltern hoffentlich dabei helfen, weiter ein glückliches Paar zu bleiben und nicht zu vergessen, für sich und ihre Beziehung zu sorgen.

Mutter, Vater, Kind und andere Familienkonstellationen

Eine neue Familie wird mit der Geburt oder der Ankunft eines Kindes geboren, ganz egal, ob es als leibliches oder adoptiertes Kind oder als Pflegekind in eine Familie kommt. Und auch unabhängig davon, ob die Eltern verheiratet, alleinerziehend, gleichgeschlechtlich, als Patchwork-Familie oder in anderen Lebensformen unterwegs sind. Familien bestehen natürlich heute nicht immer stets aus Mutter, Vater und Kind bzw. Kindern. Der Fokus dieses Buches liegt allerdings auf dieser häufig anzutreffenden Konstellation. Vieles lässt sich sicherlich ohne Probleme auch auf Paarbeziehungen übertragen, in denen sich zwei Mütter oder zwei Väter gemeinsam um die Kinder kümmern. Trotzdem haben andere Familienkonstellationen noch einmal ganz andere Erfahrungen, Fragen und Herausforderungen, denen dieses Buch sicherlich nicht gerecht werden kann. Mittlerweile gibt es aber auch hier viel spezielle Literatur (s. Anhang), die sich ebenso mit den Herausforderungen der gemeinsamen Elternschaft beschäftigt.

Was für Sie und Ihre Familie passt

Als wir unser erstes Kind erwarteten, war das Kind unserer Hebamme noch kein Jahr alt. Einmal sagte sie während eines Hausbesuchs beiläufig: »So oft gestritten wie im ersten Babyjahr haben mein Mann und ich uns wohl in den ganzen Jahren unserer Beziehung davor nicht. Aber es geht ja immer nur darum, wer was wann wie macht. Eigentlich alles keine unlösbaren Probleme ...«

Damals, umschlossen von der harmonischen Schwangerschaftsblase, dachten wir beide wohl, dass wir leichter durch diese Zeiten kämen. Als das Baby dann da war, standen wir uns aber natürlich auch so manches Mal motzend mit tiefen Augenringen gegenüber und versuchten, das Chaos zu sortieren. In diesem Moment zu wissen, dass es auch vielen, wenn nicht allen anderen Eltern so geht, war sehr tröstlich. Und es half auch dabei, genauer hinzuschauen, was hilft, gut durch diese turbulenten Zeiten hindurchzukommen.

Aber letztlich gibt es weder für das eigene Kind noch für die eigene Beziehung einen besseren Experten als sich selbst. Richtig gelesen, das stimmt. Sehen Sie dieses Buch darum bitte nicht als die ultimative Anleitung für eine gute Paarbeziehung und eine entspannte Elternschaft, sondern eher als Gedankenanstoß und Leitfaden auf Ihrem eigenen ganz individuellen Weg.

Nehmen Sie sich aus diesem Buch, was für Sie und Ihre Familie passt. Probieren Sie vielleicht auch einmal neue Wege aus und vor allem: Sorgen Sie gut für sich und Ihre Beziehung in diesen aufregenden ersten Jahren der Familiengründung.

Idealerweise lesen Sie dieses Buch bereits vor der Geburt Ihres Kindes. Wenn Sie und Ihr Partner schon mitten im Familienalltag drinstecken, können Sie auch vieles als Inspiration mitnehmen und konkrete Tipps im eigenen Familienalltag gleich ausprobieren.

Dieses Buch ist übrigens in den Monaten entstanden, als wir selbst gerade unser viertes Kind erwarteten. Und auch wenn wir das alles schon dreimal erlebt hatten, haben wir doch wieder mit Respekt auf die große anstehende Veränderung geschaut, die jedes Kind für eine Familie bedeutet. Aber vor allem haben wir uns mit viel guter Hoffnung auf dieses neue Menschlein gefreut, das unsere Familie bereichern wird. Und viel gute Hoffnung und Vorfreude auf ein glückliches Familienleben, vor allem das wünschen wir Ihnen auch.

Kapitel 1:
Die Beziehung der Eltern
ist das Fundament

Augen auf bei der Partnerwahl

Wenn man seinen zukünftigen Partner kennen lernt, spielt ein späterer Kinderwunsch vielleicht noch nicht gleich eine große Rolle. Und trotzdem gibt es Hinweise darauf, dass wir evolutionsbedingt schon bei der Partnerwahl nach Kriterien Ausschau halten, die sich positiv auf eine mögliche spätere Familienplanung auswirken könnten. So schauen Frauen vermehrt auf Charaktereigenschaften bei einem Mann, die das Überleben der Kinder sichern. Ein gewisser finanzieller Status, Intelligenz und Ehrgeiz wirken deshalb scheinbar besonders anziehend. Männer suchen nach Kriterien, die darauf hinweisen könnten, dass die Partnerin Kinder bekommen und diese gut versorgen kann. Körperliche Attraktivität, Gesundheit und Qualitäten bei der Haushaltsführung sind ihnen deshalb wichtig.[1]

Viele Paare werden sich aber sicherlich auch ganz unabhängig von solchen Punkten kennen und lieben lernen. Auch wie sie letztlich später als Eltern sein werden, lässt sich nie wirklich vorhersagen. Es sind also mit Sicherheit wesentlich mehr Faktoren als die oben genannten im Spiel, die dafür sorgen, dass wir uns in einen Menschen verlieben oder eben auch nicht. Aber der Gedanke, ob der momentane

Partner auch die zukünftige Mutter oder der Vater eines Kindes sein könnte, beschäftigt viele Menschen im Laufe ihrer Beziehung. Natürlich spielen das eigene Alter, der Zeitpunkt des Kennenlernens sowie frühere Beziehungserfahrungen eine große Rolle, wenn zwei Menschen beschließen, gemeinsam durchs Leben zu gehen und vielleicht auch eine Familie zu gründen. Gerade die anfängliche Verliebtheit sorgt dafür, dass man seinen Partner besonders positiv wahrnimmt und unwillkürlich selbst eigene Schwächen vor ihm verbirgt. Jeder zeigt sich anfangs von seiner besten Seite, was ja auch sinnvoll ist, wenn man einen Menschen für sich als dauerhaften Beziehungspartner gewinnen möchte. Das Gehirn schüttet derweil allerlei Glückshormone und andere Botenstoffe wie Serotonin, Oxytocin, Dopamin, Noradrenalin aber auch Östrogen und Testosteron aus. Das Verliebtheitsgefühl hält unterschiedlich lange an. Forschungen dazu sprechen von Zeiträumen von drei bis 18 Monaten, manchmal auch länger.

Die Verliebtheitsphase wird vor allem durch starke körperliche Empfindungen wie die berühmten»Schmetterlinge im Bauch« wahrgenommen. Beide Partner sind aufgeregt, wenn sie sich treffen und verspüren eine große Sehnsucht, wenn der andere nicht da ist. In Gedanken sind sie ständig beim anderen. Trotzdem ist in dieser Phase noch kein tiefes Vertrauen in den Partner vorhanden, so dass man sich noch nicht traut, sich auch mit all seinen Schwächen zu zeigen. Der Psychologe Ulrich Mees, dessen Forschungsschwerpunkte Emotions- und Motivationspsychologie sind, schreibt zur Unterscheidung zwischen Liebe und Verliebtheit ganz richtig:»Dagegen hat ein Verliebter kein ›Vertrauen‹ in die geliebte Person, ist zu ihr nicht ›offen und ehrlich‹ und will keine ›Verantwortung‹ für sie übernehmen. Gerade diese Merkmale sind nun aber zentrale Bestandteile der Liebe.«[2]

Viele Paare können sich ein gemeinsames Kind aber erst dann überhaupt vorstellen, wenn sie dieses starke Vertrauen zueinander aufgebaut haben. Manchmal jedoch stellen sich auch der Kinderwunsch oder gleich die Schwangerschaft noch in der ersten Beziehungsphase ein, wenn die große Verliebtheit den Alltag dominiert. Damit kommt sehr schnell die große Aufgabe, sich selbst, das Kind und die damit verbundene große Herausforderung kennen zu lernen. Dies kann genauso gut gelingen, wie eine lange stabile Beziehung nicht automatisch ein Garant dafür ist, dass ein Paar die Elternschaft gut und ohne allzu große Schwierigkeiten hinbekommt. Dennoch ist klar: Wenn das Verliebtheitsgefühl nachlässt, kann sich immer ein bisschen Enttäuschung einstellen, weil das Bild vom gefundenen idealen Partner plötzlich ins Wanken gerät. Jeder Partner kommt mit seinen ganz persönlichen Erwartungen und Hoffnungen in eine Beziehung hinein. Und dann gilt es, einen gemeinsamen Weg zu finden, der auch Kompromisse erfordern wird, damit es sich letztlich für beide Partner gut anfühlt.

Aus Verliebtheit wird Liebe

Wer also als Paar noch sehr frisch zusammen ist, darf daran denken, dass sich die anfänglichen Gefühle irgendwann ändern werden, damit die Verliebtheit überhaupt zur Liebe werden kann. Der zuvor schönste, intelligenteste, humorvollste und natürlich fehlerlose Partner wird auf einmal zu einem Menschen mit Ecken und Kanten. Dafür kommen neue Gefühle wie tiefe Verbundenheit, Verantwortung und

Vertrauen dazu – zumindest dann, wenn man nach dem hormonellen Höhenflug immer noch der Meinung ist, den »Richtigen« gefunden zu haben. So schön so eine Phase der ersten Verliebtheit auch ist, so anstrengend ist sie auch gleichzeitig und deshalb wohl auch kein geeigneter Dauerzustand einer Beziehung. Kurzum: Man muss seinen Partner nicht 24 Stunden am Tag großartig finden und wird trotzdem eine wunderbare und vertrauensvolle Beziehung miteinander haben.

Gerade in Bezug auf das Kinderkriegen werden andere Attribute geschätzt als jene, die einem vielleicht anfänglich besonders imponierten. Sich von seinem Partner verstanden und bei ihm geborgen zu fühlen sind gute Voraussetzungen, wenn man darüber nachdenkt oder bereits aktiv plant, miteinander eine Familie zu gründen. Es ist gut und wichtig, wenn genug Vertrauen da ist, sich als Partner auch von seiner verletzlichen Seite zeigen zu können. Schwangerschaft, Geburt und die erste Zeit als Eltern sind gewissermaßen Ausnahmezustände, in denen man sich manchmal selbst nicht mehr so richtig wiedererkennt. Es wäre schwierig, in dieser besonderen Zeit dem Partner zuliebe ein wie auch immer geartetes Idealbild von sich aufrechtzuerhalten. Es ist also durchaus auch eine gute Vorbereitung auf die Elternschaft, schon im Vorfeld schwierige Zeiten oder Konflikte gemeistert zu haben, ohne gleich getrennte Wege zu gehen.

In Momenten, in denen es kriselt, können sich viele Menschen ihren Partner nicht mehr als verantwortungsvolles Elternteil vorstellen. Aber so weitreichende Entscheidungen wie das Kinderkriegen sollte niemand von einer Momentaufnahme abhängig machen. Konflikte gehören einfach dazu, wenn Menschen beschließen, gemeinsam durchs Leben zu gehen. Die Gesamtbilanz für alle Beteiligten sollte natürlich schon positiv sein, denn ein gemeinsames Kind wird eine ohnehin schon komplizierte Beziehung mit Sicherheit nicht retten, sondern vor ganz neue Herausforderungen stellen. Es lohnt sich also eigentlich immer, mögliche Probleme zeitnah zu klären und nicht erst auf die lange Bank zu schieben. Mit einem Kind wird aus der Dyade, also der sozialen Beziehung zwischen zwei Menschen, stets eine Triade. Der Begriff Triade bezeichnet in der Familientherapie das Beziehungssystem zwischen drei Personen mit all seinen Ausprägungen und Veränderungen in alle Richtungen. Damit bieten sich viele neue Chancen. Genauso können die Veränderungen aber auch als Störungen erlebt werden. Man kann im Vorfeld Hoffnungen, Erwartungen und Wünsche diesbezüglich haben. Wie die Realität dann später aussieht, wird sich aber erst zeigen, wenn ein Kind dann tatsächlich erwartet und geboren wird.

Elterntagebuch Anja:
Ein Mann zum Kinderkriegen?

Christian und ich haben uns recht jung kennen gelernt, so dass das Thema Familiengründung für uns beide zu diesem Zeitpunkt noch keine konkrete Rolle spielte – auch wenn für uns beide klar war, dass wir uns irgendwann auch Kinder wünschen. Im Zuge meiner Hebammenausbildung wurde dieses Thema aber persönlich präsenter und ich lernte natürlich auch eine Vielzahl von ganz verschiedenen Vätern dadurch kennen. Väter, die es mal mehr und mal weniger gut hinbekommen haben. Deshalb habe ich dann schon ein bisschen mehr hingeschaut, wie ich Christian in Bezug auf Kinderthemen oder mit Kindern erlebe. Die gemeinsame Zeit mit meinem Patenkind oder Kindern von Freunden hat bei mir das gute Gefühl hinterlassen, dass es vielleicht irgendwann mal eine gute Idee sein könnte, zusammen eine eigene Familie zu gründen. Dass wir tatsächlich später einmal vier gemeinsame Kinder haben werden, war für mich zu diesem Zeitpunkt allerdings noch eine völlig utopische Vorstellung. Und für Christian ganz bestimmt auch. Aber alles fing letztlich doch mal mit dem Gedanken an, dass Christian ein ganz guter Vater für die Kinder sein könnte, die ich mir wünsche.

Warten aufs Wunschkind

Der Kinderwunsch spielt in einer Beziehung eine große Rolle, sobald er bei einem oder beiden Partnern auftritt. Nicht immer wünschen sich beide Partner gleichzeitig ein Kind, was durchaus zu Konflikten führen kann. Ein Kinderwunsch ist etwas sehr Existenzielles, ebenso wie die Sorge, der Familiengründung *noch* nicht gewachsen zu sein. Beides kann nicht einfach kleingeredet werden. Heutzutage können Paare selbst entscheiden, ob sie ein Kind bekommen möchten oder zumindest, ob sie aktiv verhüten wollen, um keines zu bekommen. Ob sich bald nach dem Kinderwunsch auch ein Kind in der Gebärmutter einnistet, liegt hingegen viel weniger in unserer Hand. Während sich Paare anfangs noch mit einer sehr positiven und romantischen Einstellung in das Projekt Familienplanung stürzen, kann sich recht bald ein gewisser Frust einstellen, wenn die so sehr erwünschte Schwangerschaft auf sich warten lässt.

Auch wenn statistisch gesehen eine gewisse Wartezeit ganz normal ist, kann es für das jeweilige Paar recht belastend sein, Monat für Monat wieder enttäuscht zu werden. Je nach Wartezeit, Alter und persönlichen Voraussetzungen stellt sich vielleicht auch irgendwann die Frage, ob man »mal nachschauen« lassen sollte, ob es einen körperlichen Grund dafür gibt, dass sich bisher noch keine Schwangerschaft eingestellt hat. Ab diesem Punkt ist es spätestens vorbei mit der Romantik in Sachen Kinderwunsch.

Mögliche körperliche Ursachen für einen unerfüllten Kinderwunsch liegen gleichmäßig verteilt bei der Frau *oder* dem Mann, oft sind sie dabei diagnostisch gar nicht erfassbar. Trotzdem stellen sich nicht selten bei einem Partner oder auch beiden defizitäre Gefühle in Bezug auf den eigenen Körper ein. Keine besonders gute Voraussetzung, um eine entspannte Sexualität miteinander zu erleben. Ebenso kann sich der Sex nach Kalender beziehungsweise je nach Ergebnis des Ovulationstestes auf Dauer auch belastend anfühlen. Aber leider gibt es keinen sinnvollen Ausweg aus diesem Dilemma. Das gerne von Außenstehenden daher gesagte »Entspannt euch doch einfach mal« erhöht eher noch den Druck, als dass es dem Paar etwas Gutes tut. Schon die Kinderwunschphase kann ein Paar also sehr stark herausfordern…

Erkennen Sie diese Belastung an und reden Sie miteinander darüber. Manchmal kommt auch einer der Partner derart an seine Grenzen, dass er erst einmal eine kleine Pause braucht. Vergessen Sie in dieser Zeit nicht, weiterhin auf das zu schauen, was Sie als Paar glücklich macht, ganz unabhängig vom Kinderwunsch. Das ist sicherlich die größte Herausforderung, wenn sich Kopf, Herz und Bauch etwas so sehr wünschen. Auf einmal ist da ganz wenig Raum für andere Themen, gerade das ist für Kinderwunschpaare so erschöpfend. Zudem stehen Entscheidungen bezüglich weiterer Maßnahmen fast immer unausgesprochen im Raum. Auch hier sind die Partner nicht immer zwangsläufig am gleichen Punkt, wenn es darum geht, weitere Optionen auszuprobieren.

Die moderne Reproduktionsmedizin bietet zwar viele Möglichkeiten, doch es darf nicht vergessen werden, dass auch ein großer Teil von Paaren kinderlos aus dieser körperlich und seelisch sehr anstrengenden Behandlung hervorgeht. Rund 15 Prozent aller Paare sind in Deutschland von ungewollter Kinderlosigkeit betroffen.[3] Je älter ein Paar ist, umso kleiner wird statistisch die Chance, aber gleichzeitig steigt der Druck, dass es doch möglichst zeitnah »noch klappen« sollte. Die Reproduktionsmedizin und generell der Markt rund um das Thema Kinderwunsch versprechen viel, dennoch gehört zu jedem erfüllten Kinderwunsch auch immer ein kleines Wunder. Und kleine und große Wunder lassen sich nun mal nicht planen.

Hilfen in der Kinderwunschphase

Die Geduld der Wunscheltern wird in dieser Zeit fast immer sehr auf die Probe gestellt. Nur selten wird im Freundes- oder auch Familienkreis offen über das Thema oder direkt über die Kinderwunschbehandlung gesprochen – auch weil sie völlig ungerechtfertigt für die Paare mit Scham oder Versagensgefühlen verknüpft ist. So werden alle Emotionen zwischen Hoffnung, Angst, Vorfreude, Enttäuschung bis hin zu tiefer Trauer vielfach nur zwischen den Partnern geteilt. Auch wenn die Frauen körperlich durch eine Behandlung meist mehr belastet sind, ist es auch für die Männer eine große Belastung auf vielen Ebenen. Statt die Schulter zum Anlehnen sein zu können, bräuchten auch die Partner meist Unterstützung und Raum, um das Erlebte zu verarbeiten. Rein medizinisch sind die Paare oft sehr gut betreut, die hohe psychische Belastung hingegen findet noch zu wenig Begleitung. So langsam wird das Problem aber erkannt und so gibt es erste entsprechende Beratungsangebote. Franziska Ferber zum Beispiel bietet als Kinderwunschcoach die Begleitung durch die Kinderwunschphase aber auch bei einem eventuellen Abschied vom Kinderwunsch an.[4] Ihr Leben und ihre Partnerschaft waren viele Jahre von einem unerfüllten Kinderwunsch betroffen. In dem von ihr veröffentlichten Buch »Unsere Glückszahl ist die Zwei«[5] wird auch immer wieder deutlich, welchen Belastungen eine stabile und glückliche Beziehung in dieser Zeit ausgesetzt ist. Es fängt beim Geld an. Von den gesetzlichen Krankenkassen wird nur eine bestimmte Anzahl von Kinderwunschbehandlungen mitfinanziert – und dies auch nur, wenn bestimmte Voraussetzungen erfüllt sind. Es sind also viele Aspekte, die bereits vor einer Schwangerschaft auf ein Paar zukommen, wenn sich das Wunschkind nicht so leicht einstellt.

Meist sagen Eltern, die einen sehr langen und belastenden Weg zu ihrem Wunschkind gegangen sind, dass sie alle Strapazen jederzeit wieder auf sich nehmen würden. In der Schwangerschaft wird die anstrengende Kinderwunschzeit zunächst in der Regel »verdrängt«, was wahrscheinlich auch ein bisschen dabei hilft, diese als möglichst normal zu erleben. Der mögliche Redebedarf sollte aber nicht ignoriert werden. Viele in der Schwangerschaft zu treffenden Entscheidungen sind eventuell auch mit der persönlichen Vorgeschichte verknüpft. Deshalb ist es auch gut, wenn die eigene Hebamme und auch der Frauenarzt wissen, wie es Ihnen als Eltern geht. Alle Gefühle diesbezüglich sind berechtigt und sollten genug Raum bekommen.

Auch wenn das Wunschkind dann da ist, gilt es anzuerkennen, welchen Belastungen die Eltern und deren Partnerschaft bereits ausgesetzt waren. Sehen Sie auch stolz darauf, wie gut Sie es letztlich *zusammen* gemeistert haben. In den ersten Monaten mit Kind bleiben für diese Gespräche über das Erlebte nicht viel Zeit, aber den meisten Eltern ist es schon irgendwann ein Bedürfnis, noch einmal darüber zu reden. Nehmen Sie sich also ganz bewusst die Zeit dafür. Gut ist es oft auch, wenn Sie dies tun, bevor der Wunsch nach einem weiteren Kind eventuell erneut bestimmte Entscheidungen erforderlich macht. Doch an erster Stelle steht, dass Hier und Jetzt mit dem Baby im Arm zu genießen – und sicherlich auch einfach mal durchzuatmen.

Überrascht von der Schwangerschaft

Während manche Paare lange auf ihr Baby warten müssen, werden andere wiederum geradezu von einer Schwangerschaft überrumpelt. Mal liegt es daran, dass nicht eindeutig genug geklärt ist, wie sich das Paar für eine gewünschte Verhütung zuständig fühlt. Manchmal aber liegt es auch daran, dass die Verhütung versagt, denn eine hundertprozentige

Sicherheit gibt es in dieser Sache nun mal nicht. Als Hebamme erlebe ich gar nicht so selten, wie sich trotz widrigster Umstände doch eine Schwangerschaft einstellt, obwohl »das doch eigentlich gar nicht sein kann«. Für manche Paare passt das Überraschungskind, andere fühlen sich zunächst völlig überfordert. Und dies kann auch noch ganz individuell bei jedem Partner anders sein. Gespräche sind da unerlässlich, um allen damit verbundenen Gefühlen auch den nötigen Raum zu geben. Wenn die Meinungen sehr weit auseinandergehen, enden diese Gespräche nicht selten in einem Streit oder darin, dass ein Partner sich abwendet. Aber vor dem Thema »Eltern werden« kann man nicht davonlaufen, schon gar nicht, wenn die Schwangerschaft bereits eingetreten ist. Oft ist es deshalb hilfreich, sich externe Unterstützung und Beratung zu holen, sodass ein gemeinsames Gespräch möglich ist. Diese hinzugezogene Person hat die Aufgabe, ergebnisoffen zu informieren und die Anliegen beider werdender Eltern zu moderieren. Im Idealfall findet sich eine gemeinsame Lösung. Diese muss aber nicht gleich von Anfang an sichtbar sein. Genau wie eine Frau körperlich in eine Schwangerschaft hineinwachsen muss, müssen auch beide Partner in ihre spätere Elternrolle hineinwachsen. Und da man sich gerade beim ersten Kind zum Teil nur schwer vorstellen kann, was einen erwartet, ist das alles mit Sorgen und teils großen Ängsten, zum Glück aber auch mit vielen positiven Erwartungen und Vorfreude verbunden.

Viele Paare sind auch ein bisschen dankbar, wenn ihnen das »Überraschungskind« die Entscheidung über den vermeintlich perfekten Zeitpunkt zum Kinderkriegen einfach abnimmt. Denn dieser ideale Zeitpunkt lässt sich in der Regel ohnehin nie finden, weil es immer irgendwelche rationalen Gründe gibt, die eher dagegen als dafür sprechen. Die meisten auch überraschten Eltern sagen rückblickend, dass der Zeitpunkt gut gepasst hat – wahrscheinlich auch, weil sie es sich anders gar nicht mehr vorstellen können, wenn das Kind erst einmal ein Teil ihres Lebens ist.

Phase der Anpassung

Diese ganzen Zweifel gibt es auch bei Paaren, die sich beide zusammen sehnlichst ein Baby gewünscht haben. Wenn der Schwangerschaftstest dann doch plötzlich den ersehnten zweiten Strich anzeigt, kann neben Freude schnell auch eine Überforderung oder sogar richtige Angst einsetzen. Eine konkrete Angst davor, dass sich das Leben und auch die Beziehung nun unumkehrbar verändern werden. Auch die körperlichen Veränderungen empfinden nicht alle Frauen als wunderbar und selbst die werdenden Väter sind bisweilen irritiert. Im ersten Drittel der Schwangerschaft steht noch nicht das Wachstum des Bauches im Vordergrund – und trotzdem passiert so unheimlich viel, wenn sich da aus anfangs nur einigen Zellen ein vollständiger Mensch entwickelt. Die weibliche Brust bereitet sich von Anfang an auf ihre zukünftige Aufgabe vor, das Stillen des Babys. Deshalb sind Veränderungen im Empfinden oder auch in der Brustgröße u.a. die ersten körperlichen Anzeichen, die Frauen mit dem Schwangerschaftsbeginn spüren. Durch die große hormonelle und auch auf anderen Ebenen körperliche Umstellung, fühlen sich viele Frühschwangere oft müde und erschöpft. Bis zu drei Viertel aller Schwangeren sind von Übelkeit betroffen, die meist zwischen der 5. und 14. Schwangerschaftswoche auftritt. Einige haben nur morgens ein sehr flaues Gefühl im Magen, anderen ist den ganzen Tag über schlecht und sie müssen sich vielleicht mehrmals übergeben. Der Einstieg in die Schwangerschaft ist also nicht immer so freudig und glänzend, wie es medial gelegentlich gerne dargestellt wird.

Das erste Schwangerschaftsdrittel wird deshalb auch die Phase der Anpassung genannt. Nicht nur das Baby nistet sich ein und wächst recht rasant heran, auch der Körper und die Seele der Frau stellen sich auf die kommenden Monate einer Schwangerschaft ein. Und das ist wirklich anstrengend. Manche Frauen reißt dieser Umstand bisweilen richtiggehend aus ihrem bisherigen Alltag heraus. Sich als eher leidend und nicht mehr so leistungsfähig zu erleben, ist für viele Frauen eine hohe psychische Belastung. Da ist dieser kleine Mensch im Bauch noch so winzig klein und schon nimmt er so viel Raum ein?! Wie sollen da erst die Veränderungen nach der Geburt aussehen?

Viele Paare entscheiden sich erst nach den ersten Schwangerschaftswochen oder -monaten, anderen Menschen davon zu erzählen. Oft verkompliziert dieser Umstand den Alltag zusätzlich, weil somit vom Umfeld wenig Rücksicht auf die neuen Umstände genommen wird. Wer hat schon Verständnis dafür, dass eine Frühschwangere dreimal eine wichtige Besprechung verlassen muss, ohne dass die Gründe erkennbar wären? Auch hier ist wieder der Partner der erste und anfangs einzige Ansprechpartner für die Schwangere. Da dieser das aber auch nicht immer so ideal auffangen kann, ist es sicher sinnvoll, auch früh noch externe Begleiter für diese besondere Zeit zu haben. Schwangere können sich in Deutschland von Anfang an von einer Hebamme betreuen lassen. Sie kann die Vorsorgeuntersuchungen (alle bis auf den Ultraschall) durchführen, ist aber auch Ansprechpartnerin für die kleinen und großen Sorgen oder Beschwerden. Die meisten werdenden Eltern haben gerade im ersten Drittel besonders viele Fragen, eben weil alles so neu und aufregend ist. Natürlich kann man sich so einiges auch im Internet und in Büchern selbst erschließen, aber nicht selten bringt exakt das weniger die gewünschte Beruhigung, sondern generiert eine erneute oder gar weiterführende Verunsicherung, weil man plötzlich über Dinge liest, die potenziell sein könnten oder anderen widerfahren sind.

Ein Paar sollte sich also ruhig von Anfang an fachkompetent von Hebamme und Frauenarzt begleiten lassen. Gerade beim ersten Kind ist die Schwangerschaft oft für beide Eltern absolutes Neuland. Es ist dabei übrigens egal, ob jemand vorher durch seinen Beruf als Hebamme, Arzt oder Erzieher schon berufliche Schnittpunkte mit den Themen Schwangerschaft, Geburt und Baby hatte. Das eigene Kind zu erwarten, ist *immer* eine komplette neue und eigene Erfahrung. Wahrscheinlich ist es auch ganz gut, an dieser Stelle zumindest ein bisschen die persönliche Fachkompetenz abzugeben und sich einfach auf das Elternwerden einzulassen. Das wichtige Bauchgefühl für sein eigenes Kind entwickelt sich am besten, indem man nicht nur faktenorientiert analysiert, sondern sich auch emotional auf alles einlässt, was gerade passiert. Und sich dann in diesem Prozess so begleiten lässt, wie es persönlich zu einem passt – ganz egal was man sich eventuell vorher überlegt hatte. Einige Eltern brauchen mehr Rückversicherung, andere möchten gerade in den ersten Schwangerschaftsmonaten primär in Ruhe gelassen werden. Beides ist in Ordnung. Auch als Eltern bereits erfahrene Freunde können eine große Unterstützung in dieser Zeit sein. Wichtig ist aber, dass es keine Menschen sind, die andere mit Ratschlägen überhäufen oder ihnen ihren eigenen Weg überstülpen möchten. Aber Freunde, die man fragen kann und die ab und an im richtigen Moment beruhigende Worte für einen übrig haben, sind absolut Gold wert.

Gut durch die Phase der Anpassung kommen

- Eine Schwangerschaft ist eine körperliche Höchstleistung – gerade in den ersten Wochen findet ein Großteil der Entwicklung statt.
- Schwangere Frauen sind nicht krank, aber dennoch sollten sie ihren Bedürfnissen entsprechend entlastet werden. Starke Übelkeit und häufiges Erbrechen sorgen für ein richtiges Krankheitsgefühl. Davon betroffene Frauen brauchen besonders viel Entlastung in allen Bereichen.
- Auch mit einem sehnsüchtig erwünschten Kind im Bauch muss man sich nicht dauerhaft glücklich fühlen. Zweifel, Ängste und Sorgen sind ganz normal.
- Eine Hebamme als Ansprechpartner für alle Sorgen und Fragen (auch des Vaters) tut auch in den ersten Schwangerschaftswochen schon gut.
- Erzählen Sie Ihrem Umfeld von der Schwangerschaft dann, wenn es sich passend anfühlt. Es müssen keine zwölf Wochen abgewartet werden, um seine Vorfreude mit anderen zu teilen.
- Eine Frau sollte behutsam mit sich als Schwangere umgehen und dem Partner sagen, was ihr guttut. Das ist bei

jeder Frau unterschiedlich, sodass es hier keine Patentrezepte gibt.
- Lassen Sie sich genug Zeit, um sich ausreichend zu informieren, welche Untersuchungen in der Schwangerschaft
gemacht werden sollen. Fragen Sie immer nach, wenn Ihnen
eine Empfehlung unklar ist.
- Auch wenn sich vielleicht alles neu und noch fremd anfühlt: Sie als Eltern sind die Experten für Ihr Kind und wissen selbst am besten, was Ihnen guttut und was nicht.

Folgeschwangerschaft nach frühen Verlusten

Eine besondere Herausforderung ist der Eintritt einer erneuten Schwangerschaft für die Eltern, die zuvor bereits ein
Kind in einer Schwangerschaft verloren haben. Das kann zu
einem sehr frühen Zeitpunkt oder auch im späteren Schwan-
gerschaftsverlauf passiert sein. Manchmal wird eine Frau
nach einem Verlust sehr schnell wieder schwanger, manchmal dauert es auch eine lange Zeit. Mit der Folgeschwanger-
schaft werden selbst nach einer gut verarbeiteten Fehl- oder
Totgeburt erneut alte Gefühle wieder hochkommen. Denn
egal, wie intensiv und gut begleitet die Trauerphase verlaufen ist, die Erfahrung, ein Kind verloren zu haben, bleibt für
immer im Herzen der Eltern. Auch wenn es zu Anfang der
Schwangerschaft geschieht und das Kind real noch ganz
klein ist: Die damit verknüpften Gefühle und Hoffnungen
sind für werdende Eltern in der Regel groß – und das von
Anfang an. Eine Fehlgeburt ist immer auch für die Beziehung
eine Herausforderung, denn oft erleben sich die Partner das

erste Mal in einer solchen Trauersituation. Jeder hat dabei eigene Wege, mit dem Schmerz umzugehen. Während ein Partner wieder und wieder darüber reden möchte, zieht sich der andere vielleicht zurück. Dies kann zu Konflikten führen, wenn nicht darüber gesprochen wird. So kann der Rückzug als Emotionslosigkeit oder Desinteresse gedeutet werden. Gleichzeitig kann das häufige Reden den Schmerz für einen Partner vielleicht verstärken. Auch den Umgang mit dem in der Regel weiterhin bestehenden Kinderwunsch empfindet jeder anders. Auch hier kommen Paare nicht umhin, sich darüber auszutauschen, wer gerade an welchem Punkt steht und wie der gemeinsame Weg weiter beschritten werden soll. Gerade die Angst vor einem erneuten Verlust ist ein Gefühl, das nicht unterschätzt werden sollte. Die gemeinsame Trauer um ein Kind kann eine Paarbeziehung durchaus stärken, aber eben auch sehr belasten. Die Auswirkungen sollten nicht unterschätzt werden. Ein offener Umgang mit allen Gefühlen, die in dieser Zeit auftauchen, hilft einem selbst, aber sicherlich auch dem Partner.

Nach einer glücklosen Schwangerschaft muss man erst wieder lernen, guter Hoffnung zu sein. Die Sorgen und Ängste sind meist ein bisschen größer. Ob Paare besser mit einer sehr engmaschigen Überwachung der neuen Schwangerschaft fahren oder eine Begleitung bevorzugen, die eher das Bauchgefühl und die Zuversicht gegenüber dieser neuen Schwangerschaft stärkt, ist ganz unterschiedlich. Manchmal spürt man auch erst jetzt, dass man einen Teil der Trauer nur verdrängt hatte und dadurch viele Emotionen an die Oberfläche kommen. Gerade dann ist es gut, sich Unterstützung zu holen. Ob es das Gespräch mit der Hebamme oder die Beratung bei einer extra für frühe Verluste spezialisierten

Trauerberaterin ist, kann dabei ganz individuell sein. Für manche Paare ist es auch einfach hilfreich, sich immer wieder untereinander über das Erlebte auszutauschen. Wenn sich allerdings ein Partner davon sehr be- oder gar überlastet fühlt, ist es sicherlich sinnvoller, sich professionell unterstützen zu lassen. Keiner – und das gilt ganz besonders für die Männer – muss hier den Helden spielen. Schließlich haben beide Eltern ein Kind verloren und deshalb fast immer eine große Sorge, dass dies erneut geschehen könnte.

Auch ein schlechtes Gewissen, weil man »einfach so ein neues Kind bekommt« ist etwas, was einige Eltern quält. Oder es gibt Selbstvorwürfe, dass man womöglich in der vorherigen Schwangerschaft etwas falsch gemacht hat. Beides sollte ausgeräumt werden. Alle Gedanken und Gefühle zur vergangenen und zur jetzigen Schwangerschaft sind berechtigt und sollten wahrgenommen werden. Alles was belastet, sollte aber bearbeitet werden, damit eine Vorfreude auf das Baby im Bauch im Hier und Jetzt möglich ist und man wirklich guter Hoffnung sein kann.

Von Wohlbefinden und Anstrengungen

Grob lässt sich die Schwangerschaft in drei Abschnitte einteilen. Das erste Drittel wird als Phase der Anpassung bezeichnet. Danach folgt die Phase des Wohlbefindens. Das ist jener Zeitraum, in dem es den meisten, aber nicht *allen* Schwangeren recht gut geht. Übelkeit und Erbrechen lassen nach den ersten drei Monaten häufig wieder nach und auch die bleierne Müdigkeit bessert sich. Viele Frauen bemerken sogar einen richtigen kleinen Energieschub. Zudem wächst der Bauch endlich sichtbar und auch die ersten Kindsbewegungen fallen in diese Zeit. Die Schwangerschaft fühlt sich immer realer an und emotional sind die meisten Frauen wieder etwas stabiler. Das heißt aber nicht, dass man es nicht trotzdem mit einer einfach etwas sensibleren Gefühlslage einer Frau in anderen Umständen zu tun hat. Rücksichtnahme vonseiten des Partners ist nach wie vor eine gute Idee.

Schnell neigen Frauen in dieser Phase dazu, sich sehr viel zuzumuten, wenn sie merken, dass es ihnen wieder besser geht. Auch da kann ein bisschen »Ausbremsen« vonseiten des Partners eventuell angebracht sein. Allerdings ist es wichtig, die Partnerin auch nicht wie ein rohes Ei oder wie eine Kranke zu behandeln – darauf reagieren die meisten Schwangeren nicht gerade begeistert. Bevor man sich zu viele Gedanken macht, was an Hilfe und Unterstützung passen könnte und was nicht, ist hier sinnvoll: am besten einfach nachfragen. Das gilt genauso für das Befinden. Ein »Wie fühlst Du Dich heute?« lädt mehr zum Gespräch ein als »Geht es Dir gut, Schatz?«. Die unmittelbaren Veränderungen betreffen natürlich vor allem die schwangere Frau, aber auch der werdende Vater befindet sich in einer Zeit des Wandels, weshalb auch ein ehrliches Interesse an seinem Befinden guttut. Sobald sich das Baby auch für den Vater spürbar mehr bewegt, ist hier die Kontaktaufnahme zum Kind deutlich leichter. Davor ist es für viele Väter vor allem das erste Ultraschallbild, was das Kind realer und greifbarer macht.

Es ist normal, dass die Schwangere sich dem Baby anfangs bereits etwas stärker verbunden fühlt, denn schließlich ist es rund um die Uhr in ihrem Bauch. Durch körperliche Veränderungen wird sie zudem ständig an die Schwangerschaft erinnert. Der werdende Vater spürt dies nicht so unmittelbar und »vergisst« es deshalb auch zwischendurch eher einmal. Dies ist in der Regel kein Desinteresse, sondern zeigt nur, dass die werdenden Eltern in ihrem eigenen Tempo in diesen neuen Lebensabschnitt hineinwachsen. Zum Ende der Schwangerschaft hin wird sich das wieder mehr angleichen.

Im zweiten Schwangerschaftsdrittel kann es auch gut möglich sein, dass die Partnerin wieder oder mehr Interesse an der gemeinsamen Sexualität hat. Frauen fühlen sich in dieser Zeit oft körperlich sehr wohl und tragen ihren wachsenden Bauch mit Stolz. Vielen gefällt auch die schwangerschaftsbedingt vergrößerte Brust und sie empfinden sich als attraktiver. Außerdem können hormonelle Faktoren und eine verstärkte Durchblutung im Intimbereich die Lust verstärken. Gleichzeitig setzen vielleicht beim Partner womöglich Bedenken ein, dem Kind irgendwie weh zu tun, wenn der Bauch nun doch so sichtbar wächst oder auch erste Kindsbewegungen zeigen, dass da ja wirklich ein kleiner Mensch drin ist. Andersherum wiederum sind manche Frauen vielleicht überfordert mit den körperlichen Veränderungen und es fällt ihnen schwer, diese zu akzeptieren. Auch die Empfindungen des Partners zum sich verändernden Körper seiner Frau können in alle Richtungen gehen. Die »Phase des Wohlbefindens« muss sich also nicht auf alle Bereiche erstrecken und es ist wichtig, sich bezüglich der eigenen Erwartungen und Befürchtungen auszutauschen. Ausführlichere Informationen zum Thema Liebe und Sexualität vor und nach der Geburt finden sich ab Seite 98 in diesem Buch.

Für noch geplante gemeinsame Reisen bietet sich diese Phase meist an, weil alles noch nicht so anstrengend ist, aber auch weil Fluggesellschaften einen jetzt noch unkompliziert als Schwangere mitnehmen. Aber buchen Sie nicht panisch die sicherlich anstrengende Fernreise, von der Sie denken, dass Sie mit Kind nie wieder dazu kommen werden. Schauen Sie, was für Sie beide gerade passend ist. Sich aber noch mal ganz bewusst Zeit für schöne Unternehmungen als Paar zu nehmen, ist sicherlich in diesem Schwangerschaftsabschnitt eine gute Idee.

Beschwerliche Tagesordnung

Das letzte Schwangerschaftsdrittel trägt passenderweise den Namen Phase der Anstrengung, denn tatsächlich wird in den letzten dreizehn Schwangerschaftswochen alles ein bisschen beschwerlicher. Das Baby wächst und drückt nach oben gegen den Magen und auf die Atemwege, nach unten gerne auf die Blase oder so heftig auf Bänder und Gelenke, dass Rücken- und Kreuzbeinschmerzen an der Tagesordnung sind. Die Schwangere wird nun immer etwas langsamer und behäbiger. Ein Zustand, der für viele Frauen gar nicht so leicht auszuhalten ist, denn es fühlt sich bisweilen so an, als ob der Körper gerade macht, was er will. Dieser gefühlte Kontrollverlust bereitet schon ein bisschen auf das Ausnahmeereignis Geburt vor, aber auch auf die erste Zeit mit dem Baby. Deutlich bekommt man gezeigt, wo die eigenen Grenzen liegen. So manche Schwangere macht dieser Umstand richtig unzufrieden. Hinzu kommt oft noch ein Schlafmangel, weil man nachts nicht mehr weiß, wie man gut liegen kann oder ständig auf die Toilette muss. Doch auch mit Kind werden sich die Nächte zunächst sehr verändern. Darum ist es vielleicht eine ganz gute Vorbereitung, wenn man nicht bis zum letzten Tag vor der Geburt selig und entspannt durchschläft.

Die meisten Männer tun dies allerdings und so kann schon mal von der Frau die Kritik kommen, dass man ja als Schwangere »die ganze Arbeit alleine machen muss«. Natürlich kann kein werdender Vater seiner Partnerin die Schwangerschaft abnehmen. Aber die Belastung anzuerkennen, ehrlich nach dem Befinden zu fragen und bedarfsgerechte Unterstützung anzubieten, macht alles schon deutlich einfacher. Ebenso ist es gut, wenn Arme und Ohren offen sind, damit man sich als Schwangere dann und wann ein bisschen ausweinen kann, wenn einem an manchen Tagen alles zu viel wird. Dasein und Zuhören ist oft die bessere Unterstützung, als nach möglichen Lösungen zu suchen. Es ist sicherlich auch von Natur aus so gedacht, dass die Schwangerschaft sich gerade gegen Ende hin so anstrengend anfühlt, dass Frauen bereit sind, sich auf die Geburt einzulassen und das Baby zum ersten Mal ein Stück weit loszulassen.

Im letzten Drittel setzt auch der »Nestbautrieb« ein. Spätestens jetzt muss alles besorgt werden, was scheinbar noch fürs Baby fehlt. Die Partner kommen bisweilen nicht so ganz hinterher, wenn Schwangere im Anschaffungswahn alles Mögliche anschleppen. Nicht selten sind aber auch die werdenden Väter die treibende Kraft. Der Nestbautrieb weitet sich meist auf Umbau- und Putzarbeiten im Haus aus – und oft hat die Frau das Gefühl, alles muss sofort erledigt werden. Dieser Umstand birgt ein gewisses Konfliktpotenzial, weil das Drängen der Schwangeren dem Partner oft übertrieben erscheint. Diese spürt aber in diesen Momenten täglich, dass sie ihre Kräfte mehr und mehr für Geburt und Wochenbett sammeln muss. Deshalb sollte die To-do-Liste möglichst zeitnah abgearbeitet werden, das ist für die Schwangere naheliegend und rein sachlich auch sinnvoll.

Zu Beginn der Schwangerschaft wird anhand der letzten Periode oder einer Ultraschallmessung in den ersten frühen Wochen ein voraussichtlicher Geburtstermin festgelegt. Wirklich verlässlich ist dieser Termin allerdings nicht, weshalb werdende Eltern sich nicht zu sehr darauf versteifen sollten. Das Baby kann auch zwei oder drei Wochen vor diesem Termin zur Welt kommen, genau wie nicht wenige Kinder eine Woche mehr oder noch länger im Bauch bleiben. Statt sich auf ein konkretes Datum zu fixieren, sollten Sie lieber einen »Geburtszeitraum« für Ihre Planungen festlegen, denn an den errechneten Termin halten sich gerade mal rund vier Prozent aller Babys. Alle anderen kommen davor oder danach. Um nicht noch zusätzlichen Stress rund um den Termin zu erzeugen, sollten Freunde und Verwandte nur einen groben Zeitraum kennen, einen Monat oder sogar nur eine Jahreszeit, in der das Baby voraussichtlich geboren wird. Das erspart nervige Nachfragen, sobald der ET, also der errechnete Geburtstermin, gekommen ist. Und als werdende und wartende Eltern sind Sie selbst schon aufgeregt genug, wenn sich dieses Datum nähert. Planen Sie am besten etwas Schönes für diesen Tag. Ein Besuch im Lieblingsrestaurant lässt sich auch unkompliziert absagen, wenn das Kind tatsächlich doch ganz »pünktlich« kommen sollte. Versuchen Sie vor allem in den letzten Wochen mögliche Stressfaktoren von außen zu reduzieren. Umgeben Sie sich mit Menschen, die Ihnen guttun oder genießen Sie einfach noch mal bewusst Ihre Zweisamkeit und die Vorfreude auf das Baby. Mit jedem weiteren Kind wird diese ganz besondere Wartezeit dann schon ganz anders und deutlich weniger zweisam aussehen.

Gemeinsam durch die Schwangerschaft und die letzten Tage vor der Geburt

- Schauen Sie staunend auf die Veränderungen, die die Schwangerschaft mit sich bringt. Aber reden Sie auch ehrlich über mögliche Sorgen oder Ängste in Bezug auf das Elternwerden.
- Nehmen Sie sich genug Zeit für die Nestbauphase, damit es zum Ende hin nicht in Stress ausartet. Steigern Sie mit den Vorbereitungen die Vorfreude auf Ihr Kind.
- Planen Sie ganz bewusst noch mal ein paar schöne Unternehmungen, die erst einmal so schnell nicht wieder möglich sein werden, wenn das Baby dann da ist: Reisen, Restaurant- oder Kinobesuch, ein Wellnesstag in einer Therme, ein Abendessen mit guten Freunden oder einfach lange Gespräche ...
- Kochen Sie doppelte Portionen Ihres Lieblingsessens und frieren Sie sie für das Wochenbett ein.
- Fragen Sie bei Unsicherheiten lieber Ihre betreuende Hebamme oder Ihren begleitenden Frauenarzt als Dr. Google.
- Definieren Sie lieber einen Geburtszeitraum als sich auf einen Geburtstermin zu fixieren. Nehmen Sie sich für den errechneten Geburtstermin etwas Schönes vor (was man ohne Probleme absagen kann, wenn das Baby doch kommt).
- Ruhen Sie sich beide aus in den letzten Schwangerschaftstagen. Sie wissen ja nicht, wann es genau losgeht und es ist sinnvoll, möglichst ausgeruht in die Geburtsarbeit zu gehen. Auch ein zu müder Begleiter ist keine ideale Unterstützung. Also gehen Sie nicht zu spät ins Bett und holen Sie fehlenden Nachtschlaf auch mal am Tage nach.

Von Erwartungen und Enttäuschungen

Nun wurde hoffentlich schon deutlich, dass sowohl der Weg zum Kind, aber auch gerade die Zeit der Schwangerschaft ganz schön große Herausforderungen für die Beziehung von zwei sich liebenden Menschen sein können. Wird denn vielleicht alles leichter, wenn das Baby nun erst einmal da ist? Nun, die meisten Menschen ahnen hier schon, dass es wohl nicht unbedingt so sein wird. Und trotzdem schauen viele Menschen gerne mit einem recht verklärten Blick auf diese Phase. Zudem werden uns in den Medien gut gestylte, ausgeschlafene Mütter und Väter gezeigt, die auf dem fleckenfreien weißen Sofa selig vor sich hin lächelnd ihr entspanntes Baby im Arm wiegen. Bei meinen Hausbesuchen als Hebamme in den ersten Wochen nach der Geburt finde ich dieses Bild nur selten wieder, was nicht heißen soll, dass die Eltern alle unglücklich wären. Aber das Glück zeigt sich auf andere Art und Weise, manchmal braucht es einfach auch noch ein bisschen Zeit zum Ankommen. Im Geburtsvorbereitungskurs versuche ich Eltern deshalb ein möglichst realistisches Bild der ersten Zeit mit dem Baby zu vermitteln, doch die Aufmerksamkeit nimmt bei diesem Thema deutlich ab. Zum Zeitpunkt dieser Kurse befinden sich die meisten Frauen in ihren letzten Schwangerschaftswochen und somit ist es logisch, dass der Fokus primär auf dem großen Ereignis Geburt liegt. Generell wollen Menschen eher »anstrengende Themen« nicht so nah an sich herankommen lassen. Die Psychologin Barbara Reichle, die am Institut für Pädagogische Psychologie und Soziologie in Ludwigsburg zum Übergang von Paaren in die Elternschaft forscht, sagt dazu sehr passend, dass viele Paare sich im Vorfeld eine »Unverwundbar-keitsillusion« aufbauen, um sich überhaupt zu trauen, eine Familie zu gründen.[6] Und tatsächlich haben gerade beim ersten Kind viele werdende Eltern die Vorstellung, dass sich trotz Kind nur wenig im bisherigen Alltag ändern wird. Eher schon wird sogar vermutet, dass das Kind ausschließlich als eine Art Bereicherung des bisherigen Lebens oben drauf kommt. Deshalb wird wohl auch oft mehr Aufwand dafür betrieben, den perfekten Kinderwagen zu finden und die Erstausstattung zu vervollkommnen, als dass man sich wirklich Gedanken darüber macht, wie man die mit dem Baby verbundenen Veränderungen und Anstrengungen möglichst gut in den Alltag integrieren könnte. Würde man das alles vorab wirklich realisieren können, hieße das wohl auch zu erkennen, dass vielleicht zukünftig auf bestimmte Dinge *zumindest vorerst* verzichtet werden muss. Oder dass man einfach Unterstützung benötigen wird. Gerade damit tun sich viele werdende Eltern schwer. Die meisten Paare kommen aus einem sehr selbstbestimmten Alltag, und die Vorstellung, dass man zukünftig vielleicht sogar absprechen muss, wann man duschen darf, kommt einem da geradewegs absurd vor.

Einige Frauen werden schon in der Schwangerschaft ausgebremst, vielleicht weil sie mit übermäßigem Erbrechen (Hyperemesis gravidarum) zu tun haben oder sich wegen Frühgeburtsbestrebungen körperlich sehr schonen müssen. Ein großer Teil der Frauen ist aber bis zum Geburtstermin sehr aktiv und merkt bis auf kleinere Wehwehchen vielleicht noch gar nicht so richtig, welche großen Veränderungen da kommen werden. Für den Partner, der körperlich nicht schwanger ist, ist es eventuell noch schwerer nachzuvollziehen, warum sich nach der Geburt des Kindes nun auf einmal so viel ändern sollte. Und selbst, wenn man es in Artikeln liest oder bei Freunden mitbekommt, glaubt man oft noch, dass es einen selbst schon nicht »so erwischen« wird. Vielleicht machen die Freunde ja einfach nur zu viel Theater ums Kind? Oder man kann sich damit beruhigen, dass sie eben gerne in ihren Schilderungen übertreiben?

Von der Schwierigkeit der Vorbereitung auf das neue Leben

Scheinbar kann man sich also nicht wirklich auf das vorbereiten, was einen erwartet. Schon allein deshalb, weil jede Familie und jedes Kind ganz individuell sind. Nicht selten höre ich als Hebamme im ersten Babyjahr den Satz: »Warum hat uns das eigentlich keiner gesagt?«. Nun, wahrscheinlich hat es sogar jemand gesagt, aber als werdende Eltern in Vorfreude auf das erste Kind ist man auch gerne in einer isolierenden Glücksblase unterwegs, die mögliche negative Aspekte des Elternwerdens einfach ausblendet. Oder es wird alles so negativ dargestellt, dass es sicherlich die bessere Idee ist, das alles nicht zu nah an sich heranzulassen. Denn neben Schlafmangel und Erschöpfung gibt es ja auch so viele wundervolle Aspekte, die für das Kinderkriegen sprechen. Und natürlich soll die vollkommen berechtigte Vorfreude auch nicht durch endlose Schwarzmalerei getrübt werden.

Trotzdem ist es wichtig, seine Gedanken zu dem neuen kommenden Lebensabschnitt immer wieder miteinander zu teilen. Die Hoffnungen und Wünsche ebenso wie die Sorgen oder Ängste. Wenn die Erwartungen in eine ähnliche Richtung gehen, sind später weniger Enttäuschungen vorpro-

grammiert. Um zu realisieren, dass sich das bisherige Zeitmanagement eines Paares ordentlich umstellen wird, hilft
es, sich anhand der »Zeittorte« einmal zu verdeutlichen, wie
zum jetzigen Zeitpunkt Arbeit, Freizeit, Haushalt aber auch
eben Zeit für Zweisamkeit aufgeteilt sind und wie das Ganze
später aussehen könnte, wenn ein kleiner Mensch mit all seinen Bedürfnissen den Alltag verändern wird. Gerade der Bereich Freizeit und Paarzeit wird wohl in der ersten Zeit die
größten Einbußen hinnehmen müssen. Man kann zwar für
die kommende Elternschaft nicht vorschlafen, aber noch ein
paar schöne Dinge als Paar zusammen zu machen, kann das
Beziehungskonto für belastetere Zeiten auffüllen. Wir erinnern uns bis heute, also gut zwölf Jahre und vier Kinder später, noch gerne an den Wellnessurlaub im Spreewald, den wir
während der ersten Schwangerschaft »noch schnell« gemacht
haben. Aber auch einfach ein Kinobesuch oder ein gemeinsames Frühstück im Lieblingscafé sind in den letzten Schwangerschaftswochen und -monaten gute Ideen. Und wenn das
Baby sich, wie die allermeisten Kinder, nicht an den errechneten Geburtstermin hält, kann man mit solch kleinen Unternehmungen ganz gut die Wartezeit überbrücken.

Zeittorte – Den Alltag mit und ohne Baby visualisieren

Um ein bisschen das Gefühl dafür zu bekommen, wie das
Baby Ihren bisherigen Alltag verändern wird, hilft es, sich
das einmal grafisch darzustellen. Malen Sie jeder für sich in
eine »Zeittorte«, die jeweils 24 Stunden darstellt, ihren bisherigen Tagesablauf hinein. Wie viele Stunden verbringen

Sie mit Berufstätigkeit, Hausarbeit, Sport, Freizeitaktivitäten, Freunden, aber auch mit Essen und Schlafen? Fertigen Sie nun eine zweite Torte an, in der die Bedürfnisse des Babys, aber auch die Bedürfnisse einer Mutter im Wochenbett untergebracht werden. Wie viel Zeit brauchen Sie für das Wickeln, Stillen oder die Einschlafbegleitung Ihres Babys? Welche Aufgaben kommen noch auf Sie zu, wenn das Kind geboren ist? Vielleicht werden Ihre Torten ganz unterschiedlich aussehen. Auf jeden Fall sind sie ein guter Anstoß, um sich darüber auszutauschen, wie Sie sich beide den zukünftigen Familienalltag vorstellen werden. Überlegen Sie gemeinsam, wo Schwierigkeiten, aber auch Ressourcen liegen könnten.[7]

Was für eine Mutter und was für ein Vater möchte ich sein?

Wer zum ersten Mal Mutter oder Vater wird, beginnt oft die eigene Kindheit zu reflektieren. Was war gut? Was war schlecht? Welche Dinge würde ich genauso machen, und was will ich meinem Kind auf keinen Fall weitergeben? Da beide Partner aus verschiedenen Herkunftsfamilien kommen, haben sie meist unterschiedliche Dinge erlebt. Es ist tatsächlich sinnvoll, sich auch schon vor der Geburt darüber auszutauschen, denn viele Dinge, die wir in Bezug auf unsere eigenen Kinder denken oder tun, sind geprägt von eigenen Kindheitserfahrungen.

Im besten Fall erleben wir glückliche Stationen unserer eigenen Kindheit erneut mit dem eigenen Kind. Aber genauso kann es uns vielleicht deutlich zeigen, an welchen

Stellen uns in der Kindheit etwas gefehlt hat. Durch die Geburt eines Kindes wird ein seelischer Prozess angestoßen, in dem wir eigene Kindheitserfahrungen abrufen und auf den Prüfstand stellen. Dies lässt bei einigen Eltern den Wunsch aufkommen, alles anders machen oder aber auch es genauso machen zu wollen. Und das auch, wenn wir innerlich Defizite spüren. Der Satz »Es hat mir ja auch nicht geschadet« wird nicht selten gerade dann von Eltern benutzt, wenn ein eigenes Verhalten zwar Zweifel aufkommen lässt, man sich aber auch nicht zu sehr damit beschäftigen möchte, Dinge aus einem anderen Blickwinkel zu betrachten.

Wenn jemand zum Beispiel weiß, dass er als Kind immer lange Zeit unbeachtet schreien musste, kann das auch noch viele Jahre später unangenehme oder sogar schmerzhafte Gefühle auslösen. Gerade dann, wenn man selbst dabei sein Baby im Arm hält und sieht und spürt, wie bedürftig so kleine Menschen eigentlich sind. Es kann auch sein, dass das Baby mit seinem Verhalten eigene nicht verarbeitete Gefühle und Erinnerungen aus der Kindheit anstößt. Oft ist man sich gar nicht bewusst, was da eigentlich getriggert wird, sondern spürt nur, dass man besonders oder unangemessen heftig etwa auf das Weinen seines Kindes reagiert. Statt das Kind angemessen zu trösten, wirft man ihm vielleicht einen wütenden Satz an den Kopf, den es natürlich nicht verstehen wird und daraufhin eher noch heftiger weinen und schreien wird. Dies bewirkt, dass sich der jeweilige Elternteil noch stärker getriggert fühlt und noch weniger adäquat sein Kind in dessen Kummer begleiten kann. Das Kind wiederum speichert diese Erfahrungen ab und nimmt sie wahrscheinlich auch mit in seine eigene spätere Elternschaft. Der Facharzt und Experte für Kinder- und Jugendpsychiatrie und

Psychotherapie Karl Heinz Brisch spricht hier von den »Wiederholungen der Geistergeschichten aus der eigenen Kindheit«. Das von ihm entwickelte SAFE®-Programm zur Vorbereitung auf die Elternschaft hat unter anderem genau diese möglichen Probleme mit im Fokus.

Wenn Eltern bereits vor der Geburt mögliche eigene Defizite aus der Kindheit erkennen und bearbeiten können, haben sie es leichter, diesen Teufelskreislauf zu durchbrechen. Sie wissen dann, dass ihre unguten Gefühle eigentlich nichts mit ihrem Kind zu tun haben, sondern dass alte unschöne Erinnerungen aktiviert wurden. Wenn Eltern merken, dass sie in solchen Situationen nicht mehr angemessen auf ihr Kind reagieren können, ist es Zeit, sich psychologische Unterstützung zu suchen, mit deren Hilfe die »alten Geister« verändert und vertrieben werden. In den von Brisch entwickelten Kursen und auch dem gleichnamigen Buch »SAFE® – Sichere Ausbildung für Eltern« lernen die Eltern vor allem die Bedeutung des Bindungsaufbaus zu ihrem Kind kennen. Denn eine sichere Bindung gehört für ein Kind genauso zu seinen unmittelbaren Bedürfnissen wie Nahrung und Schlaf.[8]

Was jeder aus seiner Kindheit mitbringt

Auch die Bindung zu unseren eigenen Eltern spielt eine große Rolle im Prozess des Elternwerdens, da ungünstige Bindungsmuster sowie andere Lasten aus der Herkunftsfamilie schnell weitergegeben werden. Gerade in Stresssituationen reagieren Eltern oft nicht reflektiert, sondern spulen jenes Programm ab, das sie selbst erfahren haben – unabhängig davon, ob sie davon überzeugt sind oder nicht.

Generell wird ja gerne von Kritikern angemerkt, dass Eltern weniger Ratgeber lesen und mehr auf ihr Bauchgefühl hören sollten, wenn es um die Belange des Kindes geht. In einigen Punkten stimmt das sicherlich, aber nicht alles wird man aus dem Bauch heraus »gut« machen, wenn man sich keine Gedanken darüber macht. Viele der Erziehungsideen unserer Eltern beruhten auf einem ganz anderen Bild von Kindern, als wir es heute haben. Noch vor wenigen Jahrzehnten ging man davon aus, dass ein Neugeborenes mit Nahrung und Windeln versorgt werden sollte, aber alles Weitere wurde schnell mit »Verwöhnen« des Babys gleichgesetzt. Das Resultat werde ein »tyrannisches und inkooperatives Kind«, das den Eltern auf der Nase herumtanze. Die schon jedem Säugling eigene Persönlichkeit fand kaum Berücksichtigung. Zum Glück hat sich der Blick auf Kinder und ihre Bedürfnisse stark verändert. Es gibt immer mehr gute Literatur, die Eltern nachvollziehbar erläutert, warum sich Kinder nun mal wie Kinder verhalten. Es ist sicherlich sinnvoll, sich schon *vor* der Geburt des Babys darüber zu informieren. Aber auch danach ist es niemals zu spät.

Literatur zu kindlichen Bedürfnissen
Herbert Renz-Polster: Kinder verstehen. Born to be wild: Wie die Evolution unsere Kinder prägt, Kösel-Verlag 2015
Nicola Schmidt: artgerecht. Das andere Baby-Buch, Kösel-Verlag 2015
Susanne Mierau: Geborgen wachsen. Wie Kinder glücklich groß werden und Eltern entspannt bleiben, Kösel-Verlag 2015
Danielle Graf / Katja Seide: Das gewünschteste Wunschkind aller Zeiten treibt mich in den Wahnsinn. Der entspannte Weg durch Trotzphasen, Beltz-Verlag 2016
Alfie Kohn: Liebe und Eigenständigkeit. Die Kunst bedingungsloser Elternschaft, Arbor-Verlag 2010

Eltern sollten und müssen also immer wieder den Umgang mit ihrem Kind reflektieren und sich darüber austauschen, was gut oder gerade nicht so optimal läuft. Stark abweichende Vorstellungen sind ein häufiger Konfliktpunkt. Vieles von dem, was man heute über die Bedürfnisse von Kindern weiß, war früher nicht bekannt oder wurde aus anderen Gründen ganz anders gehandhabt. Zum Beispiel wurde erst im Jahr 2000 in Deutschland im Bürgerlichen Gesetzbuch festgeschrieben, dass Kinder das Recht auf eine gewaltfreie Erziehung haben und körperliche Bestrafungen, seelische Verletzungen und andere entwürdigende Maßnahmen nicht zulässig sind. Vor also nicht allzu langer Zeit war es noch völlig legitim, dass Kinder mit zum Teil sehr entwürdigenden Maßnahmen erzogen werden *durften*. Mittlerweile ist gut erforscht, welche Auswirkungen diese Methoden auf Kinder haben können. Viele der heutigen Eltern haben aber selbst noch diese Dinge erlebt und würden vielleicht trotzdem sagen, dass sie ein gutes Verhältnis zu ihren Eltern haben. Nur selten machen Eltern ja generell alles »falsch«. Überlegen Sie also, welche positiven Aspekte Sie vielleicht übernehmen möchten und an welchen Stellen Sie andere neue und bessere Wege gehen wollen. Zu schauen und im besten Fall auch miteinander darüber zu reden, was gut und was schlecht gelaufen ist, ist sicherlich eine gute Idee.

Paare können sich bereits vor der Geburt einmal fragen, was für eine Mutter bzw. ein Vater sie später sein möchten. Viele der Vorstellungen ändern sich vermutlich auf dem Weg, den man im Laufe der Elternschaft geht, aber darüber zu sprechen, wo das Baby schlafen wird, ist sicherlich vor der Geburt hilfreicher, als wenn in schlaflosen Nächten dann die Diskussion darüber beginnt. Es kann auch hilfreich sein, andere befreundete Eltern zu fragen, wie Sie Situationen erlebt haben. Wenn es diese Freunde (noch) nicht gibt, kann vielleicht auch die Hebamme eine Ansprechpartnerin sein. Denn diese kennt die realistischen Bedürfnisse eines Babys sehr gut und kann gemeinsam mit den werdenden Eltern überlegen, wie sich Bedürfnisse von Baby und Eltern unter einen Hut bringen lassen. Viele Fragen werden dann aber erst im konkreten Alltag mit dem Kind auftauchen. Eltern müssen an sich nicht die Erwartung richten, dass sie alles wissen und können. Aber eine Bereitschaft, gemeinsam mit und von seinem Kind zu lernen, ist die beste Voraussetzung, einen guten und für alle passenden Weg zu finden, sein Kind beim Aufwachsen zu begleiten.

Elterntagebuch Christian:
Vätervorbilder

Ich habe meinen Vater als Wochenend- und Urlaubs-
vater in Erinnerung, in guter wohlgemerkt. Wir waren
zusammen angeln und Motorboot fahren, damit konnten wir uns immer vergnügen. Ansonsten gibt es primär
Erinnerungen an einen Alltag, den meine Mutter ge-
staltete, während mein Vater arbeiten ging. Diesbezüglich hatte ich also familiär kein »richtiges« Vatervorbild.
Zum Glück hatte ich damals, als ich Vater wurde, einen
Freund, der heute noch einer ist und schon Kinder hatte.
Im Rückblick hat er eine Menge guter Dinge getan, die
ich mir einfach abgucken durfte. Im Alltag, im Urlaub,
eigentlich immer. Er hat vieles gemacht, was ich anfangs
belächelt habe: seine Kinder immer viel getragen zum
Beispiel, in komischen Tüchern und eigenartigen Tragen.
Später hat er für seine Kids unsagbar viel Zeug durch die
Gegend getragen: Fahrräder, Laufräder, gefühlt säcke-
weise Sandspielzeug und Bibliotheken voller Fußball-
und Star-Wars-Sammelbilderbücher. Er hat sich einfach
immer mit seinen Kindern und ihren Bedürfnissen und
Interessen beschäftigt. Hat sie durch die Luft geworfen
und mit ihnen Schaukeln gebaut. Sie in den Schlaf ge-
kuschelt oder ihr wütendes Schreien ertragen. Er hat sie
immer ernst genommen, manchmal vielleicht etwas zu
viel mit ihnen debattiert. Ich sehe mich als Vater heute
manches Mal in diesem Mann. Er hat den Familienalltag
stets mit seiner Partnerin gemeinsam bewältigt. Hätte es
ihn nicht gegeben, dieses Vätervorbild auf Augenhöhe

für mich, vielleicht wäre ich ein Vater wie mein eigener
geworden. Einer, der die Arbeit vor seine Familie gestellt
hätte, anstatt zu schauen, wie man individuell glücklich
ist, nicht zu viel arbeitet und möglichst jeden Tag seine
Kinder sieht und auch abends ins Bett bringt.

Welche Rolle spielt unsere Beziehung für unser Kind?

Eine glückliche und stabile Paarbeziehung ist eine wertvolle
Ressource für das Kind, aber auch für die Eltern. Die Paarbeziehung ist der Nährboden, aus und auf dem das Kind
wächst. Dieser muss gehegt und gepflegt werden, was nach
der Geburt eines Kindes häufig zunächst viel zu kurz kommt.
Denn nicht nur die Beziehung zum Kind ist für ein glückliches
Familienleben wichtig, sondern die Beziehungen *aller* Familienmitglieder untereinander sind entscheidend. Das verlangt
keine ständige Harmonie, die es letztlich auch in keiner gut
funktionierenden Familie gibt. Aber es setzt Interesse anei-
nander und die Bereitschaft voraus, Krisen gemeinsam zu bewältigen. Auch wenn viele Eltern es vielleicht selbst in ihrer
Kindheit anders erlebt haben, wünschen sich doch alle Eltern,
dass ihr Kind geliebt und geborgen aufwächst. Die Beziehung
der Eltern zueinander, aber auch ihre Kommunikations- und
Konfliktfähigkeiten sind hierbei von großer Bedeutung.

Mittlerweile haben nahezu alle Eltern davon gehört, wie
wichtig es für das Kind ist, dass es eine sichere Bindung zu
seinen Eltern aufbaut. Dieser Prozess beginnt bereits in der
Schwangerschaft und setzt sich nach der Geburt fort. Viel Nähe

und Hautkontakt in einem möglichst intimen und geschützten Rahmen sind Faktoren, die den Bindungsaufbau begünstigen. Auch Paare bauen übrigens unter ähnlichen Kriterien ihre Beziehung zueinander auf. Die Verliebtheit der ersten Monate ist bei Paaren gekennzeichnet durch ein hohes Bedürfnis nach Nähe und viel Zeit zu zweit. Bindung ist also nicht nur ein Thema, das die Menschen in ihrer Kindheit betrifft. Auch Erwachsene wünschen sich gute und liebevolle Bindungen zu Menschen, mit denen sie einen Großteil ihrer Zeit verbringen. Wenn werdende Eltern sich in ihrer Paarbeziehung gut und geborgen aufgehoben fühlen, können sie diese Stabilität auch in unruhigen Zeiten an ihre Kinder weitergeben. Und wenn man spürt, dass dies gerade nicht so ist, kann man das gemeinsame Elternwerden als Chance betrachten, bestehende Defizite zu erkennen und so zu verändern, dass sich alle in ihrer Beziehung zueinander wieder wohl fühlen können.

Bereits bestehende Konflikte zwischen einem Paar werden sich in der Regel nicht verbessern, wenn das Baby erst da ist. Die Idee, dass ein Kind vielleicht eine nicht intakte Beziehung kitten könnte, ist leider nicht mehr als eine romantische Vorstellung. Nicht selten trennen sich bereits im Vorfeld belastete Paare kurz nach der Geburt, weil die Beziehung den neuen und zum Teil recht hohen Anforderungen als Eltern nicht standhält. Es lohnt sich also im Vorfeld zu schauen, wo mögliche »Baustellen« sein könnten. Jene Zeit, die man sich als Paar nimmt, um darüber zu sprechen, ist sicherlich die wesentlich bessere und nachhaltigere Investition als alle Überlegungen dazu, welches Modell wohl der beste Kinderwagen sein könnte. Und bei allen Erwartungen an eine Beziehung darf natürlich nie vergessen werden, dass jeder Mensch auch selbst für sein Wohlbefinden verantwortlich ist.

Selbstfürsorge und Beziehungspflege

Vor allem als Mutter und als Vater habe ich die *Aufgabe*, gut für mich zu sorgen. Denn nur dann kann ich auf lange Sicht auch gut für mein Kind sorgen. Das heißt natürlich nicht, dass man sich 24 Stunden am Tag glücklich fühlen muss, aber die Balance zwischen Anspannung und Entspannung sollte gegeben sein. Stürmischen Zeiten müssen auch wieder ruhigere Phasen der Erholung folgen. Der Partner ist aber nicht dafür verantwortlich, alle eigenen Bedürfnisse zu erfüllen oder, kurz gesagt, »mich glücklich zu machen«. Es gilt also zu schauen, welche möglichen Probleme jeder zuerst für sich selbst lösen muss und was wirklich im unmittelbaren Zusammenhang mit der Beziehung zum Partner steht. Sich selbst zu mögen und sich wohl zu fühlen sind wichtige Voraussetzungen, um das Gelingen der Paarbeziehung überhaupt möglich zu machen.

Im »Brief eines Babys an seine Eltern« der Psychologin und Autorin Donna Ewy heißt es so passend: »Und bitte hegt und pflegt auch Eure Beziehung zueinander, weil diese mein Nährboden ist und mir zeigt, wie man Menschen liebhaben kann.«[9]

Apropos Brief: Im Geburtsvorbereitungskurs lassen Hebammen die werdenden Eltern gerne einen Brief an den Partner mit Vorstellungen und Wünschen für die erste Babyzeit schreiben. Diese verschlossenen Briefe werden dann den Eltern einige Wochen nach der Geburt des Kindes zugeschickt. Die Rückmeldungen dazu sind immer sehr positiv. Der Brief kommt oft zu einem passenden Zeitpunkt an und hat dazu angeregt, sich trotz Babychaos ein bisschen Zeit füreinander zu nehmen und zu reflektieren, wie es einem gerade als Paar und Eltern geht. Natürlich können Sie diesen Brief auch einfach zu Hause schreiben und in einer

Schublade aufbewahren. Am besten machen Sie sich dann eine Notiz in Ihren Kalender, der Sie einige Wochen nach der Geburt daran erinnert, Ihre Briefe auszutauschen.

Brief eines Babys

»Liebe Eltern, ich komme zu Euch als ein kleines, unreifes Wesen mit der mir ganz eigenen Persönlichkeit. Ich bin nur kurze Zeit bei Euch – genießt mich.

- Nehmt Euch Zeit herauszufinden, wer ich bin, wie ich mich unterscheide von Euch und was ich Euch geben kann.
- Bitte gebt mir Nahrung, wenn ich hungrig bin. In Deinem Bauch, Mama, habe ich keinen Hunger gekannt und Zeit und Uhren sind mir noch fremd.
- Bitte haltet mich nah an Eurem Körper, liebkost mich, streichelt mich, küsst mich, erzählt mir. In Deinem Bauch, Mama, fühlte ich mich auch immer getragen und ganz nah bei Dir. Ich war da nie allein.
- Ich hoffe, Ihr seid nicht zu enttäuscht, wenn ich nicht das perfekte Baby Eurer Träume und Hoffnungen bin. Seid auch nachsichtig und großzügig mit Euch selbst, wenn Ihr nicht die perfekten Eltern seid, die Ihr so gern wärt.
- Erwartet nicht zu viel von mir neugeborenem Baby und erwartet auch nicht zu viel von Euch als Eltern. Gebt uns beiden sechs Wochen – sozusagen als Geburtstagsgeschenk. Sechs Wochen für mich, dass ich reifen kann, mich stabilisiere und meinen Rhythmus finde und sechs Wochen für Euch, wieder allmählich zu Euch zu kommen und mich in Euer Leben zu integrieren.

- Bitte vergebt mir, wenn ich viel weine. Habt Geduld mit mir.
Mit der Zeit werde ich immer weniger weinen und Euch mit
meiner Gesellschaft erfreuen.
- Achtet gut auf mich – schaut mir aufmerksam zu, denn ich
kann Euch auch ohne Worte sagen, was ich brauche, wie Ihr
mich trösten könnt und was mich zufrieden macht. Ich bin
wirklich kein Tyrann, der zu Euch gekommen ist, um Euch
Euer Leben zu vermiesen. Aber der einzige Weg, wie ich
Euch momentan zu verstehen geben kann, dass mir etwas
fehlt, ist Weinen.
- Bitte denkt daran, dass ich ganz schön zäh und widerstands-
fähig bin. Ich kann schon viele Fehler aushalten, die Ihr
anfangs aufgrund Eurer Unerfahrenheit natürlicherweise
machen werdet. Solange Ihr mich liebhabt, kann eigentlich
nichts schiefgehen.
- Bitte achtet auch auf Euch. Seht zu, dass Ihr Euch ausgewogen ernährt und genügend Ruhe und Bewegung bekommt,
damit Ihr Euch in den Zeiten, in denen wir zusammen sind,
gesund und kräftig fühlt. Versucht zwischen »unwichtig«
und »wichtig« zu unterscheiden, seht Dinge etwas gelasse-
ner – dann könnt Ihr mich viel besser genießen.
- Und bitte hegt und pflegt auch Eure Beziehung zueinander,
weil diese mein Nährboden ist und mir zeigt, wie man Menschen liebhaben kann.
Wenn ich auch momentan Euer Leben ein bisschen durchei-
nandergebracht habe, so denkt daran, dass dies nur vorüber-
gehend ist.

Ich danke Euch beiden.
Euer Kind«[10]

Kapitel 2:
Eintritt in ein neues Leben

(K)eine leichte Geburt

Die Geburt zu Beginn des Elternseins ist ein sehr wichtiger und prägender Einstieg in die neue Lebensphase. Ein Paar erlebt sich in einem Ausnahmezustand, auf den sich trotz intensivster Geburtsvorbereitung niemand jemals perfekt vorbereiten kann. Wir haben Wünsche und Vorstellungen, wie die Geburt unseres Kindes idealerweise aussehen sollte. Die Realität ist oft eine andere. Das muss aber zunächst nichts Schlechtes bedeuten, denn schließlich lassen wir uns auch im positiven Sinne gerne überraschen. Viele Mütter, aber auch viele Väter, sind im Rückblick nicht immer ganz glücklich mit dem Geburtserlebnis. Die meisten Mütter wünschen sich eine möglichst interventionsarme Geburt, bei der ihre Selbstbestimmung gewahrt bleibt. Gleichzeitig verlaufen nur noch weniger als zehn Prozent aller Geburten ohne Eingriffe, die mehr oder weniger große Folgen nach sich ziehen.

Auch die unzureichende Hebammenbetreuung infolge des Personalmangels hinterlässt allzu oft ihre Spuren. Das Gefühl während der Geburt »allein gelassen zu sein«, geht für viele Eltern mit einer großen Hilflosigkeit einher. Viele haben doch gerade die Klinik als Geburtsort ausgewählt, weil sie sich hier sicher und gut betreut gefühlt haben. Dadurch, dass heute in den meisten Fällen der werdende Vater bei der

Geburt mit dabei ist, bleibt die Gebärende zumindest nicht ganz allein. Allerdings befindet sich auch der Vater in einem Ausnahmezustand und kann recht schnell mit der Situation überfordert sein. Diese Unruhe oder auch Angst überträgt sich auf die Frau, die unter der Geburt in den Wehen ist. Beides ist kontraproduktiv für einen guten Geburtsverlauf. Eine Hebamme, die das Paar fachlich und emotional ihren jeweiligen Bedürfnissen entsprechend begleitet, garantiert die beste Unterstützung. Leider sind sowohl Beleghebammen als auch Hebammen, die Haus- und Geburtshausgeburten begleiten, nur noch schwer und in manchen Regionen gar nicht mehr verfügbar.

Meist machen sich werdende Eltern gerade beim ersten Kind noch nicht so früh Gedanken über die Geburt. Kurz vor der Geburt, wenn der Wunsch nach einer vertrauensvollen Begleitung durch eine »persönliche« Hebamme dann konkret wird, steht dieser Weg oft nicht mehr zur Verfügung, weil so gut wie keine Hebamme so kurzfristig mehr freie Termine anbietet. Bei jedem weiteren Kind melden sich Frauen früher für eine 1:1-Geburtsbegleitung durch eine Hebamme, gerade dann, wenn sie eben zuvor nicht zufrieden waren. Auch in der Wunschklinik müssen sich Frauen in vielen Regionen bereits im ersten Drittel ihrer Schwangerschaft angemeldet haben. Oft wird bei der Geburtsortwahl – gerade von Paaren, die das erste Kind erwarten – viel auf eher äußere Faktoren geschaut. Die Einrichtung des Kreißsaales, das Angebot des Frühstücksbuffets und die Parkmöglichkeiten sind vielleicht nicht völlig unwichtig, werden aber in den entscheidenden Momenten keine Rolle spielen. Sprechen Sie als Paar über Ihre Wünsche bezüglich der Geburt – dies betrifft natürlich vor allem die der Frau, die ja die Geburtsarbeit leisten muss.

Aber auch ein werdender Vater darf sein Unbehagen äußern, wenn ihm zum Beispiel der Infoabend der Klinik nicht zugesagt hat. Natürlich kann man auch Freunde oder die Hebamme nach Empfehlungen fragen, aber letztlich sind Geburtserlebnisse nicht reproduzierbar. Das heißt, was für die einen Eltern passt, empfinden andere vielleicht als völlig daneben.

Was hilft bei der Vorbereitung auf die Geburt?

Es gibt allerdings ein paar Anhaltspunkte, die in gemeinsame Überlegungen vorab mit einbezogen werden sollten. Denken Sie nicht nur an die Geburt, sondern auch an die ersten Stunden und Tage danach. Für das Zusammenfinden als Familie ist es hilfreich, wenn Sie möglichst von Anfang an viel Zeit miteinander verbringen können. Gegen einen kleinen Aufpreis für Unterkunft und Verpflegung bieten viele Kliniken Familienzimmer an, sodass auch der Partner zusammen mit Mutter und Kind vor Ort bleiben kann. Wenn diese Option nicht besteht, versuchen Sie die Besuchszeiten als Partner voll auszuschöpfen und möglichst viel präsent zu sein. So lernen Sie beide Ihr Baby am besten kennen und sind auf dem gleichen Stand, wenn es nach ein paar Tagen dann nach Hause geht. Gerade nach einer anstrengenden Geburt, einem Kaiserschnitt oder bei vorhandenen Geburtsverletzungen ist der Partner die beste Unterstützung. Die personelle Besetzung der Wochenbettstationen lässt fast nie eine so optimale Rundum-Versorgung zu, wie es nötig wäre. Oft sehen die Wöchnerinnen, dass nur wenige Krankenschwestern und Hebammen für sehr viele Mütter und Babys zuständig sind. Sie »trauen« sich dann vielleicht nicht ein-

mal bei Bedarf nach Hilfe zu klingeln. Es ist also gut, wenn
der Partner an der Seite ist. Mit anderen Besuchern sollten
Sie aber eher zurückhaltend verfahren. Lassen Sie nur Menschen kommen, die Sie auch sehen wollen und die Ihnen guttun – und beschränken Sie die Besuche im Vorhinein zeitlich. Wenn bestimmte Besuche wirklich unumgänglich sind,
nutzen Sie dafür lieber die ersten ein bis zwei Tage. Da ist
die emotionale Lage der Mutter meist noch etwas stabiler,
getragen von den Glückshormonen nach der Geburt. Aber
achten Sie generell darauf, was zu diesem Zeitpunkt die
familiären Bedürfnisse und die des Babys sind. Denn diese
gehen jetzt vor.

Gemeinsam den passenden Geburtsort finden

- Was wünschen Sie sich für die Geburt? Was möchten Sie
  auf keinen Fall?
- Wo haben Sie das Gefühl, wirklich loslassen zu können?
  Das ist eine Grundvoraussetzung zum Gebären. Wenn
  die Atmosphäre auf dem Infoabend schon beklemmend
  ist: Weitersuchen! Angst, Lärm, Kälte, Licht, Unruhe und
  Alleingelassensein unter der Geburt hemmen die Geburts-
  hormone.
- In der Klinik sehr wichtig: Wie viele Hebammen sind für
  wie viele Geburten zuständig? Ist mit diesem Personalschlüssel eine 1:1-Betreuung zumindest in der fortgeschrit-
  tenen Geburtsphase möglich?
- Wie wird das Bonding unterstützt? Können Sie Ihr Kind
  ungestört im direkten Hautkontakt kennen lernen, bevor
  Routinemaßnahmen geschehen? Eine »Mütter- und Baby-

freundliche Betreuung« gibt es in entsprechend nach der
WHO/UNICEF-Empfehlung arbeitenden »Babyfreundli-
chen Krankenhäusern«. Allerdings ist eine Umsetzung immer
nur mit einem ausreichenden Personalschlüssel möglich.

- Möchten Sie bei einer Klinikgeburt ein paar Tage bleiben
  oder ambulant entbinden und danach nach Hause gehen?
  Gibt es ein Familienzimmer? Wie sieht die Wochenbettbetreuung in der Klinik aus? Welche Hebamme unterstützt Sie
  zu Hause?
- Wie wird das Stillen unterstützt? Gerade hier gibt es qua-
  litativ große Unterschiede. Auch bei einem geplanten oder
  ungeplanten Kaiserschnitt sollten Mütter bestmöglich begleitet und beim Bonding und Stillen unterstützt werden.
- Wenn Sie eine außerklinische Geburt zu Hause oder im Ge-
  burtshaus planen, werden Sie vielleicht von Außenstehenden mit allerlei Vorurteilen konfrontiert. Informieren Sie
  sich so umfassend darüber, dass Sie diese nicht unnötig verunsichern. Das gilt für beide Partner.

Die meisten Frauen haben das Bedürfnis, nach der Geburt
auch über das Erlebnis zu reden. Auch die Väter sind in der
Regel überwältigt von dieser gerade gemachten Erfahrung.
Manchmal findet man nicht die richtigen Worte. Dann kann
es sehr hilfreich sein, dass Erlebte zunächst aufzuschreiben. Der niedergeschriebene Bericht von der gleichen Geburt wird bei jedem Partner anders aussehen. Aber gerade
das schafft oft ein gemeinsames und rundes Bild und kann
eine gute Gesprächsgrundlage sein. Außerdem ist es natürlich auch eine ganz besondere Erinnerung. Denn auch wenn

man die Geburten seiner Kinder niemals vergisst, gehen gerade kleine, besondere Begebenheiten doch irgendwann verloren. Es ist schön, sich auch nach vielen Jahren diese Geburtsberichte durchzulesen und gemeinsam an diese Momente zu denken.

Die meisten Eltern erinnern die Geburtsstunden ihrer Kinder als die bewegendsten Momente in ihrem Leben, doch nicht immer sind es nur rosige und schöne Erinnerungen. Nicht wenige Frauen erleben ihre Entbindungen zumindest phasenweise als traumatisch – und auch die Väter sind oft davon betroffen. Ein Trauma zeichnet sich dadurch aus, dass auch nach der als sehr bedrohlich erlebten Situation ein Bedrohungsgefühl oder die Angst bleiben. Diese hohe Belastung kann sich auf ganz unterschiedliche Weise zeigen. Manche Frauen verdrängen das Erlebte und vermeiden aktiv jedes Gespräch darüber. Andere geraten in eine Art Erstarrung oder dissoziieren. Der in der Psychologie gebräuchliche Begriff Dissoziation meint das teilweise oder vollständige »Auseinanderfallen« von Funktionen der Wahrnehmung, des Gedächtnisses aber auch des Bewusstseins. Dies kann zu Störungen der Identität, aber auch zu Störungen der körperlichen Funktionen wie zum Beispiel der der Motorik führen. Ein Trauma kann auch Fluchtreaktionen oder Panikzustände auslösen. Durch einzelne Begebenheiten, die an das als bedrohlich erlebte Geschehen erinnern, kann eine von einem Trauma betroffene Person erneut getriggert werden. Dies kann zum Beispiel die Schere in der Hand des Partners sein, die die Erinnerung an den als schmerzvoll erlebten Dammschnitt erneut aktiviert.

Auch die Geburt selbst beziehungsweise Handlungen von Personen in diesem Zeitraum können alte, vielleicht viele

Jahre verdrängte Traumata neu triggern. Die Hebamme und Sexualpädagogin Tara Franke schreibt in einem Artikel in der Fachzeitschrift *Hebammenforum* aus dem Jahr 2011, dass Studien bestätigen, dass jede dritte bis vierte Frau Gewalterfahrungen in ihrem Leben gemacht hat. Die Geburt kann an dieser Stelle eine Retraumatisierung auslösen.[11]

Oft wissen die Partner nichts von diesen zuvor erlebten Gewalterfahrungen und können so das Verhalten ihrer Partnerin nicht einordnen. Gerade Missbrauchserfahrungen sind bei den Opfern oft mit großer Scham besetzt, sodass sie vielleicht mit niemandem je darüber geredet haben. Generell sollten Hebammen und Ärzte ihre Arbeit in einer traumasensiblen Grundhaltung ausüben. Das heißt vor allem auch, dass keine Entscheidungen oder Untersuchungen ohne Zustimmung der Gebärenden erfolgen. Damit sie zustimmen oder ablehnen kann, ist es wichtig, dass sie umfassend über alle Optionen aufgeklärt ist. Fordern Sie deshalb im Kontext von Schwangerschaft, Geburt und natürlich auch für die Zeit danach immer ein, so gut informiert zu werden, dass eine selbstbestimmte Entscheidung möglich ist. Das gilt primär für die Schwangere, aber auch für den Partner, der oft viel unmittelbarer mitbekommt, wann seine Frau situativ überfordert ist.

Manchmal erfordert eine Notsituation ein so schnelles Handeln, das wenig Zeit für längere Erklärungen bleibt. Aber auch dann darf das Gespräch zwischen Eltern und Fachpersonal nicht einfach abreißen. Und hinterher muss das Ganze noch einmal so ausführlich besprochen und reflektiert werden, dass die Eltern logisch nachvollziehen können, warum an welchen Punkten entsprechend gehandelt wurde. Genau diese Aufarbeitung des Geburtserlebnisses bleibt jedoch häufig aus, und selbst die Eltern können miteinander nicht so richtig ins Gespräch darüber kommen. Angst, Trauer, Schuld oder Scham sind Gefühle, die zurückbleiben – und sie werden das Ankommen in der Familienrolle erschweren. Die Erlebnisse lassen sich im Nachhinein nicht mehr ändern, aber Eltern können und sollten Wege finden, darüber zu sprechen, damit umzugehen und das Erlebte gut in ihre gemeinsame Geschichte zu integrieren.

Geburtserlebnisse gemeinsam aufarbeiten

Denn natürlich wirkt sich das Geburtserlebnis auf die Beziehung aus. Auf die Beziehung zum Partner sowie auf die Beziehung zum Kind. Wichtig ist es hier zu wissen, dass der Partner nicht die Rolle des Therapeuten einnehmen soll, auch wenn er meist der erste Ansprechpartner ist.

In der Wochenbettbetreuung der Hebammen hat es sich sehr bewährt, Eltern nach der Geburt den Raum zu geben, über das Erlebte zu sprechen. Als Hebamme bekommt man dadurch auch recht schnell einen Eindruck, wo große Schwierigkeiten sind und eventuell eine weiterführende Hilfe nötig sein kann.

Von sich aus sprechen Mütter und Väter das Thema eher selten an. Das liegt sicherlich auch daran, dass das Erlebte häufig gar nicht eingeordnet werden kann und gesellschaftlich eine »gute Geburt« mit einem gesunden Kind und einer körperlich gesunden Mutter gleichgesetzt wird. Dass auch die Seele in große Not geraten und dadurch krank werden kann, wird leider noch viel zu oft übersehen. Gleichzeitig ist der Alltag mit einem kleinen Baby sehr fordernd, sodass kaum Zeit bleibt, das Geburtserlebnis und das damit verbundene Befinden zu reflektieren.

Wann und weshalb eine Geburt als traumatisch erlebt wird, ist nicht von der Schwere des Geburtsverlaufes abhängig. So kann auch eine interventionsreiche Geburt, die vielleicht in einem nicht geplanten Kaiserschnitt endet, als gutes Geburtserlebnis wahrgenommen werden, während der vermeintlich »kleine Dammschnitt« viel größere Schwierigkeiten in der Verarbeitung bereitet. Deshalb kann immer nur die Frau selbst bewerten, wie sie die Geburt empfunden hat. Der Satz »Das war doch nicht so schlimm« bedeutet eine zusätzliche Herabwürdigung ihrer Empfindungen und trägt nicht zur Heilung von Körper und Seele bei. Auch der Partner sollte deshalb immer gut überlegen, ob die eigentlich tröstend gemeinten Worte auch so verstanden werden. Die bereits in der Schwangerschaft erhöhte Sensibilität der Frau ist nach der Geburt weiter gegeben oder sogar noch stärker ausgeprägt. Diese große emotionale Offenheit führt dazu, dass sich eine Mutter besonders gut auf das Baby und seine Bedürfnisse einlassen kann, aber natürlich werden Mütter durch diese Offenheit gleichzeitig viel sensibler und verletzlicher, sozusagen leichter angreifbar.

Eine schwere Geburt

- Sprechen Sie gemeinsam mit Ihrer Hebamme im Wochenbett über das Erlebte. Alle Gedanken und Gefühle dazu sind berechtigt.
- Suchen Sie bei Bedarf außerdem noch einmal das Gespräch mit den Hebammen und Ärzten, die auch bei der Geburt direkt anwesend waren.
- Lassen Sie sich Ihren Geburtsbericht in Kopie aushändigen.

Oft hilft dieser, Abläufe und Entscheidungen nachzuvollziehen und mögliche Erinnerungslücken zu schließen.

• Nehmen Sie gegebenenfalls therapeutische Hilfe in Anspruch. Es gibt Therapeuten, die sich auf die Krisenbegleitung vor und nach der Geburt spezialisiert haben.

• Auch der Austausch mit anderen Menschen, die eine Geburt als schwer oder traumatisch erlebt haben, kann hilfreich sein. Am idealsten ist der persönliche Austausch in einer geschützten Gruppe unter fachlicher Leitung. Doch auch der Austausch im Internet kann hilfreich sein.

Literatur
Tanja Sahib: Es ist vorbei – ich weiß es nur noch nicht. Bewältigung traumatischer Geburtserfahrungen, Books on Demand 2016
Viresha J. Bloemeke: Es war eine schwere Geburt. Wie schmerzliche Erfahrungen heilen, Kösel-Verlag 2015

Neuland betreten

Das Kind ist geboren! Gerade beim ersten Baby ist es eine unglaubliche Vorstellung, dass da jetzt ein kleiner Mensch mit uns Erwachsenen zusammenlebt, den wir eine sehr lange Zeit sehr intensiv beim Wachsen begleiten werden. Vielen Eltern wird das erst richtig bewusst, wenn sie nach einer Klinik- oder Geburtshausgeburt mit ihrem Kind zum ersten Mal nach Hause kommen, an jenen Ort, an dem sie vorher als Paar gelebt haben. Selbst bei einer Hausgeburt gibt es dieses Gefühl, dass alles wie immer aussieht und doch plötzlich ganz anders ist. Einiges war sicherlich bereits vorbereitet, doch trotzdem war es noch nicht so richtig das Zuhause einer Familie mit Kind.

Dies ändert sich nun innerhalb kürzester Zeit. Schnell machen sich die Dinge, die man fürs Baby oder die Besonderheiten des Wochenbettes benötigt, überall breit. Jeden Tag kommt man als Eltern ein bisschen mehr in seiner neuen Lebenssituation an. Bisweilen kann das aber auch ganz schön überfordernd wirken. Denn dieser neue kleine Mensch gibt auf einmal in nahezu allen Punkten den Takt an. Selbst auf die Toilette kann man nicht mehr so einfach gehen wie zuvor. Gegessen wird, wenn man dazu kommt und nicht mehr, wenn man gerade Appetit oder Lust darauf hat. Von der gemeinsamen Zeit als Paar bleibt nicht mehr viel übrig, ebenso mau sieht es mit Zeit nur für sich selbst aus. Es ist schon erstaunlich, wie sehr so ein kleiner Mensch zwei erwachsene Menschen auf Trab halten kann – und das rund um die Uhr.

Natürlich kennen viele Menschen auch aus ihrem noch kinderlosen Leben eine Belastung durch zum Beispiel hohen beruflichen Stress. Doch das ist einfach nicht vergleichbar, weil es mit Kindern nie wirklich Feierabend gibt, schon gar nicht in den ersten Babymonaten. Denn selbst wenn das Baby schläft, hört die Verantwortung nicht auf. Man ist mit einem Ohr ohnehin immer beim Kind. In der ersten Zeit lassen sich die wenigsten Babys an einem Ort ablegen, der mehr als eine Armlänge von den Eltern entfernt ist. Völlig zu Recht fordern sie die direkte Nähe ganz aktiv ein. Schließlich ist es ja genau das, was das Kind aus den Monaten der Schwangerschaft kennt. Da konnte es die Mutter immer spüren, hören und mit allen Sinnen wahrnehmen.

Diese innige Geborgenheit brauchen Babys auch nach der Geburt, denn ohne uns Eltern wären sie nicht nur hilflos, sondern könnten nicht überleben. Wir müssen dafür sorgen, dass sie warm, satt, sicher und geborgen sind. Deshalb bewirkt nicht nur der bezaubernde Anblick eines Babys, sondern auch seine Mimik, seine Gestik und auch sein Weinen, dass wir uns als Eltern bemühen, es ganz schnell zufrieden zu stellen. Auf diese Weise wachsen auch Bindung und Urvertrauen. Es dauert eine ganze Weile, bis ein Baby gewisse Sachen ohne die elterliche Unterstützung kann. Aber gerade Dinge wie das Stillen oder die Einschlafbegleitung nehmen in den ersten Monaten einen sehr großen Teil der alltäglichen Babyaufgaben ein. Genau das ist auch der Grund, weshalb man in der Elternzeit eher nicht dazu kommt, vor lauter Langeweile endlich mal Bilder in Fotoalben einzukleben oder die Steuererklärung zu machen. Aber es ist auch wichtig, in diesen aufregenden ersten Monaten immer wieder nicht nur dem Kind, sondern auch sich selbst als Eltern genug Zeit zum Ankommen zu geben.

Die Geburt feiern

Wir feiern Geburtstage, aber viel zu selten die Geburt selbst. Mit dem Kind werden auch die Eltern erst geboren. Es ist darum eine schöne Idee, der Mutter – auch als Anerkennung für Schwangerschaft und Geburt – etwas zu schenken. Ein kleines oder großes Geschenk zusammen mit einer persönlichen Karte, das an diesen besonderen Tag erinnert, erfreut jede Frau im Wochenbett.

Manche Eltern zünden noch einmal eine besondere Geburtskerze an, die sie schon in der Schwangerschaft für die Geburtsstunden ausgesucht oder gestaltet haben. Einen Geburtstagskuchen kann man backen oder auch ganz pragmatisch – aber genauso lecker – bestellen.

Auf die Geburt sollte man gemeinsam anstoßen – das geht auch prima alkoholfrei. Manchmal kommt man noch im Kreißsaal dazu, vielleicht holt man es auch erst zu Hause nach. Auf jeden Fall ist es schön, die Geburt mit einem kleinen persönlichen Ritual zu feiern. Gerade auch dann, wenn der Start vielleicht etwas schwerer war oder sogar einen längeren Klinikaufenthalt mit sich brachte, ist es schön, sich an das kleine große gerade stattgefundene Wunder zu erinnern.

Ein Baby zu haben bedeutet also wesentlich mehr, als ein bisschen Windeln zu wechseln. Leider wird das ganze medial gerne anders dargestellt – und so begegnen uns in Filmen und der Werbung ausgeschlafene, gut aussehende Erwachsene, die zufällig auch noch lächelnd ein Baby im Arm halten. Doch dies sind in der Regel *keine* Eltern, sondern tatsächlich Schauspieler oder Models, die eben nur ein Baby auf dem Arm haben, das selten ihr eigenes ist. Die Realität ist eine andere und sowohl aus der Hebammenarbeit als auch aus den eigenen Babyzeiten wissen wir, dass der normale Babyalltag und damit auch verbunden die erschöpften Eltern meist ganz anders aussehen. Es ist immer wieder schade, wenn Paare ohne den »Hebammenvorsprung« denken, dass sie dieses mediale Bild der Perfektion erfüllen müssten. Wenn man den Anspruch hat, neben der Elternrolle auch noch perfekt für den Haushalt und das eigene Aussehen sorgen zu müssen, gerät man schnell in eine Überforderung. Diese äußert sich gerne in einem raschen Anstieg der Konflikte zwischen beiden Partnern. Dann sieht die Wohnung vielleicht schön aus, aber die Stimmung darin ist alles andere als schön.

Also, keine Sorge, niemand muss seinen bisherigen Standard an häuslicher Ordnung und eigener Körperpflege jetzt komplett runterfahren. Aber man muss sicherlich ein paar Kompromisse machen, um entspannt durch die Babyzeit zu kommen. Perfektionsdruck sorgt nicht nur für mehr Konflikte, sondern kann die Wöchnerin so sehr stressen, dass sich dies in Stillschwierigkeiten oder Problemen mit der Rückbildung oder Wundheilung äußert. Der Körper ist vor allem im Wochenbett immer auch der Spiegel der Seele. Und wenn es der Seele zu viel wird, zeigt der Körper das schnell mit Fieber oder einem Milchstau. Deshalb ist es sicherlich sinnvoll, von Anfang an darauf Rücksicht zu nehmen und Aufgaben großzügig wegzulassen oder sich genügend Unterstützung zu organisieren.

Zwischen Babyblues und Wochenbettdepression

Die Seele ist durch die Umstellung, die ein Baby mit sich bringt, sehr stark gefordert. So kommt es nach der Geburt häufiger zu psychischen Erkrankungen, wobei sich die Wochenbettdepression nicht nur auf diesen Zeitraum beschränkt. Gemeint sind damit depressive Erkrankungen, die im gesamten ersten Jahr nach der Geburt auftreten können. Und das nicht nur bei der Mutter. Auch Väter weisen in dieser Zeit häufig die Symptome einer postpartalen Depression auf. Einer kanadischen Studie[12] zufolge sind rund acht Prozent aller Väter betroffen. Andere Studien zum Beispiel aus Finnland sprechen sogar von 21 Prozent. Auch wenn präzise Zahlen fehlen, wird deutlich, dass es sich nicht nur um sehr seltene Einzelfälle handelt. Väter, die an einer depressiven Erkrankung leiden, hatten häufiger eine schlechtere Beziehung zur Kindsmutter in ihren Beschreibungen genannt. Außerdem gaben sie in der Untersuchung zum Thema an, sich als Väter weniger »effektiv« zu fühlen als die nicht-depressiven Männer.[13]

Eine psychische Erkrankung eines Elternteils hat in jedem Fall zahlreiche Auswirkungen, auch auf die Beziehungen sowohl zum Partner als auch zum Kind. Studien zeigten, dass emotionale Störungen von Kindern im Alter von sieben Jahren unter anderem auch mit einer depressiven Erkrankung des Vaters nach der Geburt zusammenhängen.[14]

Bei diesem Thema gilt es also, immer den Blick auf *beide* Eltern zu richten, denn diese neue Lebensphase, verbunden mit zahlreichen Veränderungen, kann eine psychische Erkrankung bei beiden Elternteilen begünstigen. Das derzeitige medizinische Versorgungssystem in Deutschland hat vor allem die Mütter im Fokus, aber beide Partner werden Eltern – mit allen damit verbundenen Freuden und Belastungen. Natürlich ist es gut, wenn die Partner einander bewusst wahrnehmen und es thematisieren, wenn sie das Verhalten des anderen stark irritiert. Die Hebamme kann hier wieder eine erste externe Ansprechpartnerin sein. Für eine Einschätzung kann auch das Ausfüllen der sogenannten Edinburgh-Skala[15] sinnvoll sein (s. »Informationen und Hilfe bei psychischen Krisen nach der Geburt«, Seite 67).

Bei den Müttern kann zusätzlich die stark veränderte hormonelle Situation das Entstehen einer Wochenbettdepression begünstigen. Ebenso verursacht eine mögliche Dysfunktion der Schilddrüse manchmal depressive Symptome, weshalb auch diese Punkte immer mit abgeklärt werden sollten. Recht häufig nach der Geburt tritt bei 25 bis 50 Prozent der Frauen im Wochenbett der Babyblues auf, auch Heultage genannt. In den ersten Tagen nach der Geburt ist dies als kurzzeitiges, postpartales Stimmungstief sichtbar. Oft beginnt es am dritten Wochenbetttag. Nach spätestens zwei Wochen sollte der Babyblues deutlich abgeklungen sein. Gekennzeichnet ist diese meist nur ein paar Tage anhaltende Phase von einer erhöhten Unruhe und Reizbarkeit. Die Mütter weinen ohne erkennbaren rationalen Grund und fühlen sich oft unsicher und überfordert. Auch Konzentrationsverluste und plötzliche Stimmungsschwankungen kennzeichnen diese Zeit. Ursache ist eine Mischung aus hormonellen Umstellungen nach der Geburt und dem meist nach ein paar Tagen deutlich spürbaren Schlafdefizit bzw. dem Fehlen von Tiefschlafphasen. Es ist hier keine konkrete Behandlung erforderlich, außer dass man der Frau in dieser Zeit besonders feinfühlig und empathisch begegnen muss. Gutes Essen, Möglichkeiten zum Ausruhen und Schlafen, frische Luft (gut lüften) und das Vermeiden von zusätzlichen Stressfaktoren wie zum Beispiel zu viel Besuch empfiehlt sich generell für das Wochenbett und nicht nur an den sogenannten Heultagen.

Elterntagebuch Anja:
Mitten im Babyblues

Ungefähr vier Tage nach der Geburt brach ich in Tränen aus, weil der Pizzalieferdienst die »falsche« Pizza brachte. Ich weinte und weinte und war fest davon überzeugt, dass ich gerade gar nichts hinbekomme. Ich kam kaum aus dem Bett, weil der Kreislauf noch recht instabil war, die Brüste schmerzten vom Stillen und scheinbar war ich sogar zu blöd, die richtige Pizza zu bestellen. Christian saß zunächst etwas hilflos daneben und fragte sich vor allem, wie er jetzt schnell die richtige Pizza besorgen könnte. Doch natürlich ging es nicht um die Pizza, und an diesem Abend flossen noch viele Tränen. Tränen darüber, dass es statt der geplanten Hausgeburt nun doch eine Klinikgeburt gab, weil sich unsere Tochter im letzten Moment in eine Beckenendlage gedreht hatte. Tränen darüber, dass ich mich nach über 30 Stunden Geburt einfach sehr erschöpft und nicht nur wie erhofft überglücklich gefühlt hatte. Aber auch Tränen darüber, dass dieses wundervolle kleine Mädchen in unserem Bett *meine* Tochter ist. Die Gefühle fuhren wirklich ein paar Tage lang Achterbahn und von absoluten Glücksgefühlen bis zu größten Selbstzweifeln war alles dabei.

Der Übergang vom Babyblues in die Wochenbettdepression kann allerdings fließend sein. Hier besteht die Therapie neben größtmöglicher Entlastung der Mutter aus psychotherapeutischen und medikamentösen Maßnahmen. Manchmal kann auch eine stationäre Behandlung erforderlich sein, bei der Mutter und Kind nicht getrennt werden sollten. Psychische Erkrankungen nach der Geburt stellen immer eine ganz besondere Herausforderung für alle Beteiligten dar. Ohne genug Unterstützung ist die Gefahr groß, dass auch der nicht betroffene Partner aus Überlastung in eine seelische Krise hineinschlittert. Und noch immer sind psychische Krisen nach der Geburt ein Tabuthema. Sicherlich auch aus der gesellschaftlichen Erwartung heraus, dass Eltern nach der Geburt eines Kindes immer glücklich sein müssten. Deshalb wird das ausbleibende Glück als besonders belastend empfunden und mit dem Gefühl verknüpft, keine gute Mutter oder kein guter Vater sein.

Wer sich nach der Geburt Sorgen über seinen Gemütszustand oder den seines Partners macht, sollte die betreuende Hebamme, den behandelnden Arzt oder eine andere vertraute Person zeitnah ansprechen. Die postpartale Depression wird auch gerne als »lächelnde Depression« bezeichnet, weil die Betroffenen nicht selten so sehr die Fassade bewahren, dass weder Partner noch Freunde oder Familie oder die Hebamme mitbekommen, wie groß das seelische Leid tatsächlich ist. Doch je rascher eine betroffene Mutter oder auch ein betroffener Vater und die Familie in dieser Situation Hilfe und Unterstützung erfahren, desto schneller wird die Krise in aller Regel überwunden.

Informationen und Hilfe
bei psychischen Krisen nach der Geburt

Die Edinburgh-Postnatal-Depression-Scale[16] ist ein Fragebogen zur Selbsteinschätzung in Bezug auf die Symptome einer Postpartalen Depression (PPD). Das Ergebnis sollte mit der Hebamme oder dem Arzt besprochen werden. Dieser Fragebogen findet sich zum Beispiel auf der Homepage von »Schatten und Licht«, einem Verein, der bei Krisen und psychischen Erkrankungen rund um die Geburt weiterhilft.[17]

Literatur
Petra Wiegers: Nur die Liebe fehlt – Von Depression nach der Geburt und Müttern, die ihr Glück erst finden mussten, Patmos-Verlag 2016
Ulrike Schrimpf: Wie kann ich dich halten, wenn ich selbst zerbreche? Meine postpartale Depression und der Weg zurück ins Leben, Südwest-Verlag 2013

Wochenbett und Babyflitterwochen

Im Frühwochenbett, also den ersten zehn bis vierzehn Tagen sollte das Familienleben mit der notwendigen Rücksicht auf Mutter und Kind primär zu Hause stattfinden. Das gesamte Wochenbett dauert die ersten sechs bis acht Wochen nach der Geburt – und diese Zeit sollte man sich auch zum Ankommen, Verarbeiten, für die Rückbildung und zum Heilen, zum Kennenlernen des Babys und zum Hineinwachsen in die Elternrolle geben. Gerade beim ersten Kind neigen Eltern dazu, möglichst schnell wieder zum normalen Alltag übergehen zu wollen. Stress und Überforderung sind dann vorprogrammiert. Denn: Einen »ganz normalen Alltag wie früher« gibt es mit Kind in dieser Form nicht mehr. Deshalb ist es gut, sich ausreichend Zeit zu gewähren, um die Veränderungen in den eigenen Alltag zu integrieren, sodass es sich für alle passend anfühlt. Und selbst wenn das Wochenbett anders und chaotischer verlaufen ist als erhofft, lassen sich im Rückblick die Stolperfallen und Probleme erkennen und nachträglich thematisieren und verarbeiten. Denn natürlich ist das Elternwerden und Elternsein ein lebenslanger Prozess, der nicht nach dem Wochenbett endet.

Gerade beim ersten Kind haben viele Eltern den Gedanken, dass das Baby einfach als zusätzliche Bereicherung zu ihrem »alten«, oft nicht selten ohnehin recht vollgepackten Leben hinzukommt. Dass dieses alte Leben nach der Geburt ganz neu strukturiert werden muss und zwingend Kompromisse an so einigen Stellen nötig sind, bemerken Ersteltern oft erst hinterher. Doch selbst, wenn man es ganz langsam angehen lässt, ist die erste Babyzeit eine große Umstellungsphase, in der auch kleinere und manchmal größere Konflikte nicht ausbleiben werden. Diese Konflikte sind ganz »normal« und gehören dazu, wenn man nach und nach als Familie zusammenwächst.

Ein Kind verändert die Beziehung enorm, da man seinen Partner zwangsläufig noch einmal in ganz neuen Facetten erlebt und kennenlernt. Das eigentlich jetzt dringend benötigte helfende Umfeld ist heutzutage oft nicht mehr vorhanden. Elterliche Bedürfnisse und ein möglicher Hilfebedarf werden allzu oft nicht gesehen und unterstützt. Aktiv um Hilfe zu bitten, fällt vielen Menschen schwer, sodass die gesamte Belastung in der Kleinfamilie häufig allein auf Mutter und Vater verteilt ist.

Hilfen und Stressfaktoren von außen

Das Bitten um und das Annehmen von Unterstützung fällt vielen Menschen heutzutage so schwer, weil es schnell damit gleichgesetzt wird, etwas alleine nicht meistern zu können. Dabei ist es evolutionär gar nicht vorgesehen, dass wir alles alleine schaffen. Für manche Menschen ist es einfacher, externe Unterstützer wie eine Putzfee oder einen Einkaufslieferdienst zu bezahlen, als die gleiche Unterstützung aus dem eigenen Familien- oder Freundeskreis anzunehmen. Das ist sicherlich – je nach Geldbeutel – auch eine Option, aber vergessen Sie nicht, dass Freunde und Familie sich meist sogar gut fühlen, wenn sie helfen können. Und es wird in Zeiten, in denen das Kind etwas größer ist, noch ausreichend Zeit und Gelegenheiten geben, um sich zu revanchieren und selbst jemanden zu unterstützen. In manchen Freundeskreisen hat es sich sogar schon etabliert, dass abwechselnd jeder etwas Schönes für die Familie kocht und vorbeibringt, wenn ein neues Baby hinzugekommen ist. Wenn es solche Rituale noch nicht gibt, fangen Sie damit an! Antworten Sie einfach ehrlich, wenn Sie als Eltern danach gefragt werden, womit man Ihnen gerade wirklich helfen könnte. Oft sind Taten statt Karten und Babyspielzeug die wertvolleren Geschenke im Wochenbett.

Ein sehr häufiger Anlass für Konflikte im Wochenbett ist das Thema Besuch. Natürlich freuen sich viele Menschen mit Ihnen über die Geburt Ihres Kindes und wollen es möglichst bald kennen lernen. Vielleicht ist es auch Ihnen selbst ein großes Bedürfnis, Ihr Glück zu teilen und stolz Ihr Kind zu zeigen. Vielleicht wünschen Sie sich aber erst einmal primär ein bisschen Ruhe und Zeit, um selbst den kleinen Menschen in Ihren Armen kennen und verstehen zu lernen. Hören Sie

gut auf Ihr Bauchgefühl beim Thema Besuch. Überlegen Sie
genau, wen Sie einladen möchten oder wen Sie lieber erst in
ein paar Wochen sehen möchten. Einladen heißt in dem Falle
übrigens nicht, dass Sie noch vorher aufräumen und Kuchen
backen. Den bringt der Besucher am besten selbst mit, genauso wie genug Verständnis für einen kurzen Besuch oder
gar eine eventuell kurzfristige Verschiebung der Besuchs-
pläne, zum Beispiel weil nach einer anstrengenden Baby-
nacht das Nachholen von wertvollem Schlaf Priorität hat. Außerdem sollten Sie den Besuch zeitlich beschränken – auch
im Sinne des Babys, denn für dieses sind neue Eindrücke
immer aufregend und selbst wenn es den Besuch scheinbar
entspannt verschläft, meldet es sich dann am Abend umso
lauter, um das neu Erlebte entsprechend zu verarbeiten.

Ganz wichtig bei diesem Thema: Ob und wer Ihr Kind auf
den Arm nehmen darf, entscheiden ganz alleine die Eltern.
Wenn Sie Diskussionen befürchten, kann es sinnvoll sein, Ihr
Neugeborenes im Tragetuch »zu verstecken«. Hören Sie in all
diesen Punkten gut auf sich, dann wissen Sie genau, was Sie
stressen könnte und was Ihnen guttut. Wenn sich Ihr Besuch
eher wenig verständnisvoll für Ihre Wünsche zeigt, können
Sie alles großzügig auf die Hebamme schieben. Dann hat die
eben beim Wochenbettbesuch gesagt, »dass ich mich noch
schonen muss, weil ich sonst einen Milchstau riskiere« oder
»das Baby noch nicht auf so viele fremde Arme soll, weil es
sonst sehr schnell mit Reizen überflutet ist«.

Manchmal wird die Wochenbettzeit auch als Babyflitterwochen bezeichnet. Sie brauchen als Eltern einfach Zeit,
um Ihr Baby kennen zu lernen und sich jeden Tag ein bisschen mehr zu verlieben. Es ist also ähnlich wie in den Flitter-
wochen tatsächlich eine sehr intime und persönliche Phase,

in der Sie mehr oder weniger gerne gestört werden möchten. Tun und sagen Sie also das, was für Sie passt und sich gut anfühlt. Wenn Sie sich als Paar dabei nicht ganz einig sind, gilt zumindest im Wochenbett, dass die Bedürfnisse der Mutter etwas Vorrang haben. Denn es »rächt« sich tatsächlich schnell auf körperlicher Ebene, wenn ein Besuch zum Stressthema wird. Und so ein »Schwiegermuttermilchstau« mit Schmerzen und Fieber braucht letztlich niemand in der ohnehin schon sensiblen und anstrengenden Wochenbettzeit. Natürlich ist nicht grundsätzlich die Schwiegermutter Schuld am Stress im Wochenbett. Es gibt viele wunderbar unterstützende Großeltern, die jungen Eltern wirklich guttun. Jede Familie muss schauen, wie die persönliche Situation ist – und reden Sie miteinander, wie Sie beide das empfinden.

Auch die persönlichen Ausgangsvoraussetzungen, die jeder Partner für den Familienalltag mitbringt, können ganz unterschiedlich aussehen. Realistische Erwartungen und Geduld mit sich und dem anderen werden diese neue Lebensphase wesentlich entspannter beginnen lassen. Viele Paare merken im Wochenbett auch, dass es für sie eine ganz neue Erfahrung ist, plötzlich so viel Zeit miteinander zu verbringen. Das kennen viele nur aus gemeinsamen und in der Regel entspannten Urlaubszeiten. Wenn man sich phasenweise dabei etwas »nervt«, ist es auch im Wochenbett gut, sich ab und an mal etwas aus dem Weg bzw. auch getrennte Wege zu gehen. Diese bedürfen aber jetzt mit Kind natürlich einer konkreteren Absprache. Und selbstverständlich sind damit keine Wochenendtrips alleine oder mit Freunden gemeint, aber vielleicht mal ein Kaffee mit dem besten Freund oder eine ungestörte Stunde mit der Lieblingszeitschrift in der Badewanne, während der Partner mit dem Kind im Tragetuch spazieren geht.

Entspannt durch das Wochenbett

- Sich ein realistisches Bild von den ersten Wochen mit einem Baby machen: Ehrliche Freunde fragen, Gespräch mit der betreuenden Wochenbetthebamme suchen.
- Unterstützung organisieren: Mütterpflegerin, Haushaltshilfe, Kochplan für Freunde und Familie, Einkaufslieferdienste, sich Zeit (durch sinnvolle Unterstützung) statt Zeug schenken lassen.
- Schlafen, wann immer es das Baby zulässt – das tut auch dem Partner gut.
- Besuch gut organisieren: Wer darf in den Babyflitterwochen kommen?
- Wichtiges von Unwichtigem trennen.
- Für die Bedürfnisse des Babys und sich selbst sorgen – alles andere kann warten.
- Sinnvolle Aufgabenteilung finden und gegebenenfalls immer wieder neu verhandeln, wenn es sich für einen Partner nicht mehr passend anfühlt.
- Das Baby genießen und den Beginn des Familienlebens so entspannt wie möglich angehen.

Literatur

Loretta Stern / Anja Constance Gaca: Das Wochenbett. Alles über diesen wunderschönen Ausnahmezustand, Kösel-Verlag 2016

Kapitel 3:
Worüber wir reden
müssen

Kommunikation

Man kann nicht nicht kommunizieren. Das ist die zentrale These des Kommunikationswissenschaftlers Paul Watzlawick und trifft hier auf die Eltern *und* das Kind zu. Denn ein Baby kommuniziert bereits im Bauch, aber nach der Geburt noch intensiver mit seinen Eltern. Auch wenn es noch nicht sprechen kann, zeigt es doch durch Mimik, Gestik und Laute an, welche Bedürfnisse es gerade hat. Und genauso zeigen wir unserem Partner, auch wenn wir gerade nicht miteinander sprechen, wie es uns geht. Eine abgewandte Körperhaltung sagt manchmal mehr aus als viele Worte. Selbst dann, wenn Eltern nur noch in Vorwürfen oder kaum beziehungsweise gar nicht mehr miteinander reden, kommunizieren sie also trotzdem miteinander. Gut fühlt sich in der Regel aber keiner der Partner in dieser Situation. Es gilt also, aus diesen destruktiven Kommunikationsmustern auszubrechen und wieder Raum für eine empathische und respektvolle Gesprächs- und Streitkultur zu entwickeln.

Mit der Ankunft des Kindes verändert sich meist die Kommunikation zwischen den Eltern. Zuständigkeiten müssen neu ausgehandelt werden. Schlafmangel und Erschöpfung tragen dazu bei, dass das Kommunikationsklima rauer werden kann. Schnell wird das Baby zum Mittelpunkt, um den sich alles dreht. Hatte man in der Schwangerschaft vielleicht noch alle Zeit der Welt, seine Gedanken und Gefühle miteinander verbal auszutauschen, bleibt plötzlich gerade einmal genug Zeit abzusprechen, was der Partner noch aus dem Supermarkt oder der Apotheke mitbringen soll. Und dabei passiert doch gerade so viel Neues und Aufregendes im gemeinsamen Leben, dass ganz besonders jetzt der Austausch darüber sehr wichtig wäre. Vielleicht beginnt man sogar das Gespräch darüber als Paar, wird aber nur allzu schnell von den Babybedürfnissen wieder unterbrochen. Dieses »nicht ausreden können« ist übrigens ein Thema, dass sich sehr lange durch die Elternzeit zieht. Was hilft, ist das Ganze mit Humor zu sehen und zu versuchen, sich je nach Alter des Kindes wirkliche Auszeiten als Paar zu schaffen, in denen Zeit für das ungestörte Gespräch mit dem Partner ist. Aber dieser Ausblick in die Ferne hilft natürlich wenig, wenn gerade in der ersten Babyzeit dicke Luft herrscht.

Gut hilft fast immer ein Ortswechsel – also ganz konkret: die Wohnung mal zu verlassen. Am besten einfach gemeinsam mit dem Baby im Tragetuch um den Block gehen. Das macht den Kopf wieder frei. Und auch Gespräche laufen meist besser, wenn wir dabei laufen. Wenn es zusammen gerade gar nicht geht, kann es auch sinnvoll sein, wenn einer die Situation erst einmal verlässt und man sich darauf einigt, später miteinander zu sprechen. Dieses Gespräch muss dann aber auch stattfinden, denn die Probleme werden nicht kleiner, wenn wir sie ignorieren.

Die größte Kunst in der Kommunikation mit dem Partner ist aber weniger das Sprechen als das sinnvolle Zuhören. Tatsächlich erfordert es oft eine größere Anstrengung, den Partner in Ruhe und unkommentiert ausreden zu lassen, als selbst sein Anliegen vorzubringen. Es kann hilfreich sein zu vereinbaren, dass der jeweils sprechende Partner etwa für fünf Minuten (oder länger) nicht unterbrochen wird und der andere einfach »nur« aufmerksam zuhört. Und plötzlich können einem fünf Minuten ganz schön lang vorkommen. Natürlich darf der andere danach genauso lang sein Anliegen oder seine Bedenken äußern.

Manchmal aber ist eine Situation derart verfahren, dass weder Reden noch Zuhören gut gelingen. Dann kann es sinnvoll sein, zunächst einmal aufzuschreiben, was einen gerade belastet. Beim Schreiben lassen sich Gedanken ein bisschen besser ordnen, und so kommt man vielleicht auch schneller zum tatsächlichen Kern eines Problems. Und wenn der Babyalltag gerade keine Zeit für ein gemeinsames Gespräch zulässt, ist mit dem Aufschreiben immerhin sichergestellt, dass bei einer Aussprache zu einem späteren Zeitpunkt kein persönlich wichtiger Aspekt vergessen wird. Gleichzeitig ist der Kopf aber auch wieder ein bisschen freier, um sich zunächst den anderen Alltagsdingen zu widmen.

Elterntagebuch Christian:
Wer schreibt, der bleibt

Wir haben unser gemeinsames Blog »Von guten
Eltern« vor über vier Jahren in der Babyzeit mit dem
dritten Kind gestartet. Von Anfang an haben wir – primär aus Korrektur- und Lektoratsgründen – alle Texte
immer gegenseitig gelesen. Oft waren sie ein Anstoß
für ein Gespräch über das, was im Familienalltag aktu-
ell wichtig ist. Beim Schreiben selbst kann ich meine
Gedanken reflektieren und auch ein wenig sortieren.
Manchmal hält man so einen besonderen Alltagsmo-
ment fest, der sonst vielleicht untergeht und teilt ihn
miteinander. So manches Mal habe ich eine Träne ver-
drückt, wenn ich einen Fehler erkannt oder ein Lob
gelesen habe. Auch die fachlichen Hebammeninhalte
haben uns immer wieder zum Gespräch angeregt, weil
die väterliche Perspektive darauf für Anja von beruf-
lichem Interesse ist. Klar, natürlich braucht es dafür
keinen Blog. Manche Menschen schreiben Tagebuch
oder machen sich in einem Kalender persönliche Noti-
zen. Vor allem in den besonderen Zeiten von Schwangerschaft und Babyzeit werden Erinnerungen und Gefühle gerne schriftlich festgehalten. Man kann sich
auch als Partner Briefe schreiben. Das darf bei baby-
bedingtem Zeitmangel auch einfach eine nette kleine
Botschaft auf dem Küchentisch oder dem Kopfkissen
sein. Das Schreiben wird, in welcher Form auch immer
es passiert, die gemeinsame Kommunikation auf jeden
Fall bereichern.

Natürlich sind nicht nur der Zeitpunkt und die äußeren Umstände dafür mitentscheidend, wie ein Gespräch verläuft, sondern auch dessen Form. Wie respektvoll gehe ich in diesem Moment mit meinem Partner um? Paare, die bereits länger zusammen sind, haben vielleicht schon eine gemeinsame Streitkultur entwickelt, mit der sie auch jetzt gut durch die Elternzeit kommen. Andere Paare müssen sich diese Streitkultur erst erarbeiten. Natürlich gibt es hier viele sinnvolle Konzepte wie zum Beispiel die Gesprächsregeln der Gewaltfreien Kommunikation nach Marshall B. Rosenberg, einem amerikanischen Psychologen. Im Vordergrund steht bei dieser einfühlsamen Kommunikation die Empathie, also die Fähigkeit, sich in Mitmenschen hineinversetzen zu können und angemessen zu reagieren, zum Beispiel allein durch das Zeigen von Mitgefühl, wenn mein Gegenüber gerade traurig ist.

An erster Stelle steht idealerweise die wertungsfreie Beobachtung. Diese Beobachtung löst ein Gefühl in einem aus, das dem Gegenüber aus der eigenen Sicht heraus mitgeteilt wird. Dabei ist es wichtig, bei sich selbst zu bleiben, etwa durch Aussagen wie »Ich fühle mich einsam, wenn wir so selten miteinander reden«. Beim Gegenüber wird das ganz anders ankommen als ein sauer dahin geknalltes »Nie redest du mal mit mir«. Im nächsten Schritt wird dann das Bedürfnis formuliert, das dahintersteht, etwa: »Ich wünsche mir mehr Austausch mit dir über die vielfältigen Veränderungen, die gerade in unserem Leben passieren.« Diese einzelnen Schritte zeigen dem Gesprächspartner die Wertschätzung und Bereitschaft zu einer friedlichen Konfliktlösung. Letztlich ist es ja genau das, was sich beide Partner wünschen.

Obwohl einem diese Gesprächsregeln vermutlich logisch

und sinnvoll erscheinen, wird es einem nicht immer gelingen, diese in Streitsituationen umzusetzen. Vor allem nicht dann, wenn diese Form des Miteinanderredens ganz neu für jemanden ist. Gewaltfreie Kommunikation ist tatsächlich primär eine Trainingsfrage und kann natürlich in geeigneten Kursen, aber vor allem auch in Alltagssituationen immer wieder geübt werden. Ziel ist es dabei nicht, das Ganze nur bei großen Krisen anzuwenden, sondern jeden Tag diese verbindende Kommunikation anzuwenden. Hier gilt: Bitte nicht in Perfektionsdruck verfallen! Manchmal wird man seinen Partner ganz unempathisch einfach anschreien und ihn überhaupt nicht wertungsfrei mit allerlei Vorwürfen konfrontieren. Das ist okay und vor allem sehr menschlich. Oft hilft es dann im Nachhinein sich bewusst zu machen, warum man selbst so reagiert hat oder der Partner sich entsprechend verhalten hat. Das eigene Bauchgefühl sagt einem vielfach verlässlich, wenn es kommunikativ völlig danebengegangen ist. Rumschreien und den anderen beschimpfen mag sich vielleicht im ersten Moment herrlich befreiend anfühlen. Meist hinterlässt es aber einen üblen Nachgeschmack und man fühlt sich nicht mehr wohl und überlegen in seinem Verhalten. Konstruktiv gelöste Konflikte hingegen hinterlassen meist ein gutes Gefühl. Aber: Auch Eltern werden manchmal einfach nur von ihren Emotionen überrollt und können nicht immer bestmöglich adäquat reagieren.

Streiten vor den Kindern?

Eltern stellt sich bei vielen Konflikten immer wieder die Frage, inwieweit sie sich vor ihren Kindern streiten sollen, denn natürlich liegt es nahe, dass sich diese am wohlsten fühlen, wenn ein harmonisches Familienklima herrscht. Es ist aber unrealistisch, dass in einer Familie immer nur Harmonie herrscht. Sehr entlastend ist in diesem Kontext die Aussage des dänischen Familientherapeuten Jesper Juul: »Ein Zusammenleben mit anderen Menschen – egal welchen Alters – ist ohne Konflikte nicht möglich«.[18] Immer eine »gute Fassade« zu wahren kann mitunter viel mehr Kraft kosten und auch die Kinder entsprechend irritieren, als wenn sie ab und an Konflikte zwischen Erwachsenen mitbekommen. Wichtig ist trotz allen Ärgers und Wut nicht so zu agieren, dass es die Kinder in ihrem Urvertrauen in die Eltern erschüttert. Dafür ist es sehr wichtig, dass Kinder miterleben, wie sich die Eltern nach einem Streit wieder miteinander vertragen und sich gegenseitig entschuldigen können. Das gilt so übrigens auch für Streitigkeiten mit älteren Kindern, die eine ehrlich gemeinte Entschuldigung ihrer Eltern als etwas ausgesprochen Positives erleben.

Die innerfamiliären Konfliktlösestrategien haben ohnehin Vorbildfunktion für ein Kind und legen fest, wie es später selbst mit solchen Situationen umgehen wird. Natürlich ist es wunderbar, wenn Eltern auch im Streit immer fair und wertschätzend miteinander umgehen. Aber ehrlicherweise wird das niemandem immer gelingen – und manchmal verhält man sich absolut gegenteilig. Wenn der Ärger verraucht ist und die Wogen sich geglättet haben, kann man dem Kind altersgerecht auch erklären, wie es dazu kam und weshalb man so wütend und aufgebracht war. Denn auch wenn wir es vielleicht gerne anders hätten: Wut und Aggression gehören mit zur normalen menschlichen Gefühlspalette. Der Umgang damit ist nicht immer einfach – für kleine *und* für große Menschen. Aber auch aus Konflikten lässt sich fast immer etwas Positives mitnehmen. Oft sind diese Konflikte auch ein An-

stoß, eine festgefahrene Situation zu überdenken und etwas
zu verändern. Gerade wenn Kinder präsent sind, werden wir
als Eltern gezwungen, unsere Stimmungen und unser Verhalten immer wieder neu zu reflektieren. Und dabei immer wieder das Gespräch miteinander zu suchen, eben weil wir nicht
einfach weglaufen können. Natürlich macht gerade das es oft
sehr anstrengend; es ist aber gleichzeitig eine große Chance,
das familiäre Miteinander so zu verbessern, dass es *allen*
Beteiligten gut damit geht.

Sollte es Situationen geben, in denen eine gemeinsame
Kommunikation gar nicht mehr möglich ist oder diese nur
noch destruktiv verläuft, kann es durchaus sinnvoll sein,
sich professionelle Hilfe zu suchen. Manche Themen bewe-
gen einen oder beide Partner vielleicht so heftig, dass die
Reaktion darauf zu stark ist. Dies kann zum Beispiel vorkommen, wenn die auf Seite 39 bereits erwähnten »Geistergeschichten aus der eigenen Kindheit« hochkochen. Oft
hat dann der aktuelle Konflikt gar nicht so viel mit der momentanen Situation zu tun, sondern hat einen inneren Konflikt aus der Vergangenheit angestoßen. Wenn Sie selbst also
mit Reden nicht weiterkommen oder sich dauerhaft im Kreis
drehen, nutzen Sie entsprechende Beratungsmöglichkei-
ten. Das von einer neutralen Person moderierte Gespräch in
einem anderen Umfeld kann ein Paar wieder in eine verbindende Kommunikation bringen. Schauen Sie im Internet unter den Suchbegriffen »Erziehungs- und Familienberatung«,
»Paartherapie« oder »Elterncoaching« nach Beratungsstel-
len in Ihrer Umgebung. Auch das Gespräch mit einem guten,
gemeinsamen Freund kann eine sinnvolle Idee sein, um
einen Konflikt noch einmal anders zu beleuchten. Dann ist es
aber wichtig, dass dieser Freund sich nicht auf die eine oder

andere Seite stellt. Beachten Sie bei jedem klärenden Gespräch auch die aktuelle Verfassung. Wenn Sie eine anstrengende Nacht mit einem zahnenden Baby hinter sich haben, verschieben Sie Ihr Gespräch auf einen etwas ausgeschlafeneren Zeitpunkt. Aber vertagen Sie nur den Zeitpunkt und lassen Sie das Gespräch nicht aus. Denn Rückzug und Konfliktvermeidung wird Sie nicht weiterbringen, wenn es darum geht, wieder ein harmonischeres Miteinander zu erlangen.

Die vier Schritte der Gewaltfreien Kommunikation (GFK)

1. Beobachten: Eine konkrete Handlung oder Unterlassung wird wertungsfrei beobachtet und beschrieben. An dieser Stelle sollte keine Interpretation stattfinden, sondern nur die »Fakten« aufgezeigt werden.

2. Gefühl wahrnehmen: Die zuvor genannte Handlung oder Unterlassung löst ein bestimmtes Gefühl oder mehrere Gefühle in mir aus, die ich wahrnehme und meinem Partner mitteile.

3. Bedürfnis erläutern: Genau wie die Kinder haben auch Erwachsene Bedürfnisse, die sich erfüllt oder unerfüllt anfühlen können. Ich teile meinem Partner diese Bedürfnisse mit, zum Beispiel das Bedürfnis nach Geborgenheit, Verständnis oder Kontakt.

4. Bitte formulieren: Nun formuliere ich aus diesem Bedürfnis heraus eine möglichst konkrete Bitte oder einen Wunsch an meinen Partner.

Marshall B. Rosenberg fasst die Schritte der Gewaltfreien Kommunikation wie folgt zusammen:

»Wenn ich 1. sehe (Beobachtung), dann fühle ich 2. (Gefühl), weil ich 3. brauche (Bedürfnis). Deshalb möchte ich jetzt gerne 4. (Bitte).«

Literatur
Marshall B. Rosenberg: Gewaltfreie Kommunikation. Eine Sprache des Lebens, Junfermann-Verlag 2016

Wer hat an der Uhr gedreht? Zeitmanagement und Absprachen

Den meisten Menschen ist es wichtig, sich auf ihren Partner verlassen zu können. Absprachen sollen eingehalten werden. Wenn ein Kind den Alltag seiner Eltern bereichert, wird das noch einmal wichtiger. Wenn der Partner sagt, dass er um 18 Uhr nach Hause kommt, rechnet die Mutter auch damit, dass er um 18 Uhr kommt. Während es im »früheren Leben« ohne Kind vermutlich kaum eine Rolle gespielt hat, ob der eine oder der andere eine halbe Stunde später kam, wartet man mit einem kleinen Kind auf dem Arm ganz anders darauf, weil davon abhängt, wann man selbst entlastet wird. An manchen Babytagen kommt man kaum zum Essen oder Duschen – und dann zählt einfach jede halbe Stunde. Deshalb sollten vor allem in der ersten Babyzeit alle Zeitangaben verlässlich sein beziehungsweise früh genug korrigiert werden, wenn absehbar ist, dass sich daran etwas ändern könnte. Das Zeitmanagement ist eine der zentralen Aufgaben für Eltern.

Aber nicht nur in Sachen Zeit erfordert das Elternleben stetige und ständige Absprachen. Vielmehr noch als früher müssen Aufgaben sinnvoll verteilt werden. Tatsächlich lässt sich diese Aufgabenverteilung individuell erst nach der Geburt festlegen, denn vieles ist einfach nicht planbar. Häufig wird zum Beispiel unterschätzt, wie viel Zeit allein das Stillen in Anspruch nimmt. Wie oft ein Baby gewickelt oder umgezogen werden muss, hängt auch vom ganz individuellen Ausscheidungs- oder Spuckverhalten ab und ist vorab nicht real einschätzbar. Hinzu kommt, dass sich erst nach und nach herauskristallisieren wird, wem was mehr oder weniger Spaß macht. Natürlich ist es immer sinnvoll, wenn beide Eltern alle Bereiche der Kindspflege abdecken können, aber in einem gemeinsam stattfindenden Familienleben ist es schlicht ressourcenschonend, wenn Aufgaben ein bisschen danach verteilt werden, was jemandem liegt oder nicht. Gerade bei den täglichen Aufgaben im Haushalt kann man sich seinen »Vorlieben« entsprechend aufteilen. Der eine Partner findet vielleicht das Staubsaugen sogar ein bisschen entspannend, während der andere lieber die frisch gewaschene Wäsche wegsortiert.

Diese Aufteilung sollte sich natürlich für beide Partner fair anfühlen. Wenn es das nicht mehr tut, besteht dringend Redebedarf. Mit dem Alter des Kindes verändern sich auch immer wieder die Aufgaben rund um das Kind. Manches fällt weg, dafür kommt Neues hinzu. Gerne wird ja gesagt, dass es nicht einfacher, sondern nur anders wird, wenn die Kinder älter werden. Und das trifft in einigen Punkten tatsächlich zu. Jede Phase der Kindheit bringt auch für die Eltern ihre ganz eigenen Herausforderungen mit. Es gilt immer wieder genau hinzuschauen, was gerade ansteht und wie sich diese Dinge meistern lassen, sodass keiner am Ende völlig überlastet zurückbleibt. Natürlich müssen Veränderungen im Berufsleben immer wieder neu mit dem Familienalltag abge-

stimmt werden. Wenn es nicht schon bereits vorher zu Ihren
Stärken gehörte, werden sich Ihre Fähigkeiten in Sachen Planen und Organisieren mit der Elternschaft deutlich optimieren. Aber keine Sorge: Die Spontaneität geht in Ihrem Leben
nicht komplett verloren. Gerade mit Kindern ist immer wieder spontanes Handeln und eine große Flexibilität vonnöten.

Elterntagebuch Christian: Planung ist das halbe Leben

Anja hatte schon immer einen Hang zum Erstellen von
To-do-Listen und zu Planungen im Alltag. Ich empfand das immer als ein bisschen zu unspontan. Gerade als Ersteltern hat man etwas Angst davor, fortan
ein durchorganisiertes, irgendwie uncooles Elterntier
zu werden. Doch tatsächlich wird das Leben mit Kindern dann komplizierter, wenn Absprachen nicht verlässlich funktionieren. Wie oft haben wir darüber gestritten, wer jetzt welchen Termin vergessen hat?! Nach
und nach sind wir in diesen organisatorischen Punkten immer besser geworden. Mit steigender Kinderzahl
kommt man einfach nicht drum herum, sich Dinge zu
notieren und entsprechend zu planen. Obwohl das immer noch unspontan klingt, merke ich doch, dass unsere Flexibilität und Möglichkeit zur Spontaneität durch
eine gute Absprache untereinander zunimmt. Das Beste
daran ist aber, dass die Streitereien über den Alltag dadurch deutlich reduziert werden.

Wer macht mehr?
Warum 50/50 nicht funktioniert

Heute nehmen sich die meisten werdenden Eltern vor, dass sie sich alle anfallenden Aufgaben so aufteilen, dass jeder ungefähr die Hälfte macht. Trotz des festen Vorsatzes, sich als Eltern quasi alles bestmöglich aufzuteilen, stellt sich nicht selten einige Zeit nach der Geburt bei vielen das Gefühl ein, dass es sich irgendwie »ungerecht« anfühlt und der eine letztlich doch mehr tut als der andere. Und tatsächlich ist das auch phasenweise so, eben weil sich doch nicht alles an jedem Tag gleichberechtigt aufteilen lässt. Der Psychologe Tim Hagemann (mit einem Lehrstuhl in Arbeits-, Organisations- und Gesundheitspsychologie) erzählte uns in einem Interview, dass das 50/50-Modell in der Realität so gut wie nicht funktioniert, wenn man es sehr eng auslegt. Und dem können wir so aus eigener und beobachteter Erfahrung nur zustimmen.

Heißt das jetzt aber auch, dass man damit leben muss, dass sich in einer Beziehung mit Kindern – aber durchaus auch schon vor einer Elternschaft – einer der Partner wesentlich mehr verausgabt als der andere? Hier ist die Antwort ganz klar nein, denn die Gesamtbilanz sollte am Ende für beide stimmen. Aber diese Gesamtbilanz lässt sich wahrscheinlich nicht jeden Abend auswerten, zumal die Arbeit mit vor allem kleinen Kindern am Abend und in der Nacht nicht vorbei ist. Belastung wird zudem immer auch individuell wahrgenommen. Und wer an einem Tag häufiger die Windel gewechselt hat, hängt wohl auch eher von der Ausscheidungsfrequenz des Kindes als von einem festen elterlichen Plan ab. Der Begriff Arbeit wird außerdem von jedem anders definiert. Fakt ist aber, dass nicht nur der Job, mit dem das Geld verdient wird, Arbeit ist. Die Versorgung und Begleitung der Kinder ist oft sogar die weitaus forderndere Arbeit, gerade auf emotionaler Ebene. Auch die Organisation eines Haushalts fühlt sich für die meisten Menschen eher nach Arbeit als nach Vergnügen an. Das Spielen mit dem Kind kann durchaus nur schön und entspannend sein, an manchen Tagen strengt es aber einfach nur an, das 100. Türmchen zu bauen oder das immer gleiche Buch vorzulesen. Wie belastet sich der eine oder andere Partner fühlt, hängt also weniger von fest zugeteilten Aufgaben ab, als von der Gesamtsituation. Es ist somit viel entscheidender, immer miteinander im Gespräch zu bleiben und regelmäßig zu überprüfen, ob sich der andere Partner jeweils noch wohl fühlt mit der momentanen Aufteilung, als detaillierte Listen darüber zu führen, wer mehr staubsaugt oder häufiger das Kind in den Schlaf begleitet.

Während uns unser Beruf meist auf eine positive Art geistig herausfordert, kann im Alltag mit Kind bisweilen das Gefühl von Unterforderung oder Langeweile auftreten. Gerade, wenn der Kontakt zu anderen Erwachsenen fehlt, entsteht eine Art »Babyeinsamkeit«. Wenn der Partner dann morgens in seinem vermeintlich viel interessanteren Job verschwindet, kann durchaus Neid entstehen. Auf der anderen Seite erlebt auch der Partner mit einem stattfindenden Berufsalltag Überforderung, Existenzängste oder auch das Gefühl der Entfremdung, weil er einen großen Teil des Familienlebens verpasst. Wenn sich solche Gefühle anbahnen, ist es wichtig diese auch wahrzunehmen und anzusprechen. Denn in der Regel wird sich das Problem eher verschärfen als von alleine in Luft auflösen.

Die gravierende Veränderung im beruflichen Werdegang betrifft in den meisten Fällen die Frauen. Im Rahmen des Familienreports des Bundesministeriums für Familie, Senioren, Frauen und Jugend aus dem Jahre 2010 gaben über 60 Prozent der befragten Männer an, dass sie es ideal fänden, wenn die Partnerin in den ersten Kinderjahren beruflich zurücksteckte. Doch nur 37 Prozent der Frauen empfanden dies ebenso. Die Mehrheit wünschte sich neben dem Familienglück auch ein erfülltes Berufsleben.[19] Es zeigt sich also schon in diesen Zahlen, dass Erwartungen und Wünsche der jeweiligen Partner weit auseinandergehen und Konflikte wahrscheinlich vorprogrammiert sind. Tatsächlich landen auch heute die meisten Eltern in einem klassischen Familienmodell, was bedeutet, dass der Mann arbeiten geht und die Frau sich um Haushalt und Kinder kümmert. Oft ist der Faktor, dass der Mann mehr Geld verdient, einer der entscheidenden, ganz pragmatisch gedachten Gründe, warum es zu dieser Rollenaufteilung kommt. Der Faktor Geld wiegt oft schwerer. Dass sich beide Partner wohl und zufrieden mit ihren jeweiligen Rollen fühlen, muss zunächst hintenanstehen.

Planen und Organisation im Familienalltag

- Synchronisieren Sie Ihre Kalender. So hat jeder Partner im Überblick, welche beruflichen, familiären und persönlichen Termine anstehen. Das spart viel Zeit und erleichtert zum Beispiel auch die Terminvereinbarungen für Vorsorgeuntersuchungen und Co.
- Neben den individuellen Kalendern im Smartphone oder

auf Papier lohnt sich zusätzlich ein Wochenüberblick, der an einer gut sichtbaren Stelle im Haus hängt. Man kann diesen zum Beispiel am Sonntagabend gemeinsam erstellen und dabei die Woche noch einmal grob durchgehen. Vielleicht wird bereits im Vorhinein deutlich, dass manche Tage zu vollgepackt sind und man diese durch Unterstützung oder Absagen etwas entzerren sollte.

- Essenspläne hören sich furchtbar spießig an, erleichtern aber das tägliche Kochen und auch die Einkaufslogistik sehr. Je nach Alter der Kinder kann man diese in die Planungen mit einbeziehen. Nichts gegen leckere Nudeln mit Pesto, aber (unkomplizierte) Familienmahlzeiten, auf die sich alle freuen, sind gerade an stressigen Tagen ein kleiner Lichtblick. Es lohnt sich zudem, alte Listen als Inspiration für Wochen aufzubewahren, in denen man keine Ideen hat.

- Die Packerei für Urlaube und Wochenendtrips wird mit Kindern um einiges umfangreicher. Hier lohnt es sich, einmal eine detaillierte Liste mit allen notwendigen Dingen zu erstellen. Diese kann dann in eine Klarsichthülle gesteckt und für jeden Urlaub mit einem wasserlöslichen Stift abgehakt werden. Alternativ können Sie sie natürlich auch mehrfach kopieren. So kann man diese Liste ewig weiter benutzen und braucht sie nur ab und an nach Alter der Kinder inhaltlich ein wenig anpassen.

- Gegen die Zettelwirtschaft hilft zum Beispiel die App »Wunderlist«. Hier können thematische Ordner angelegt werden, die dann den Einkaufszettel oder die To-do-Liste ersetzen. Der Partner weiß, was zu erledigen ist oder freut sich mit, wenn er online sieht, dass wieder etwas von der Liste erledigt wurde. Auch ältere Kinder mit Smartphone lassen sich hier integrieren.

Zufriedenheit in allen Bereichen? Geht das?

Die ideale Lösung für dieses Szenario können wir Ihnen auch nicht verraten, denn es spielen viele, sehr individuelle Faktoren mit hinein. Was aber wichtig ist, ist sich von dem Satz »Es geht ja sowieso nicht anders« zu verabschieden. Denn in der Regel gibt es immer auch andere Lösungen. Das muss nicht sofort der Jobwechsel sein, sondern es können auch ganz kleine Veränderungen im Alltag sein, die aber ziemlich nachhaltig wirken. Wenn zum Beispiel eine Putzfee die Eltern im Haushalt jede Woche ein paar Stunden unterstützt, ist das Geld oft besser investiert als in den halbjährlichen überteuerten Urlaub im Wellnesshotel, den man mit Baby am Ende doch nicht so recht genießt.

Wichtig und inspirierend ist immer auch der Kontakt zu anderen Eltern. Auf deren Situation kann man meist objektiver blicken als auf die eigene und man erkennt, dass Dinge auch anders gut funktionieren können. Es lohnt sich auch, den Satz »Es geht ja sowieso nicht anders« ganz zu streichen, wenn Sie gerade mit ihrer Lebenssituation unzufrieden sind. Sicherlich lässt sich nicht alles und schon gar nicht sofort ändern, aber oft bringen schon kleine Veränderungen eine große Wirkung. Der erste Schritt ist aber immer, miteinander zu reden und dadurch offen erkennbar auf den Tisch zu legen, wie es einem gerade geht. Denn während wir vor dem Leben mit dem Kind die Gefühle des Partners vielleicht auch ohne Worte lesen konnten, ist im Familienalltag kaum noch ausreichend Zeit für solche feinen Beobachtungen. Natürlich kann man abwarten, bis einer so unzufrieden ist, dass es »knallt« – aber der Weg zu einer guten Lösung wird dann eher länger als kürzer sein.

Maternal Gatekeeping

Ein weiteres Spannungsfeld in Bezug auf die Rollenaufteilung entsteht auch, wenn ein Partner der Meinung ist, dass er besser für das Kind sorgen könne. Wenn es sich dabei um die Mutter handelt, gibt es sogar einen eigenen Begriff dafür: das *Maternal Gatekeeping*. Dies bedeutet, dass die »mütterliche Türsteherin« durch ihr Verhalten den väterlichen Einsatz in der Pflege, Betreuung und Erziehung des Kindes unterdrückt. Und tatsächlich sind viele Väter recht schnell demotiviert, wenn ihnen immer nur erzählt wird, dass sie die Windel verkehrt angelegt, dem Kind die falsche Mütze aufgesetzt haben und es dann auch noch nicht richtig halten würden.

Als Mutter hat man vielleicht durch Schwangerschaft und Geburt einen kleinen Beziehungsvorteil, aber letztlich ist alles, was danach kommt, meist für beide Elternteile neu und muss erst gelernt werden. Jeder braucht für manche Dinge mehr oder weniger lang und stellt sich bei der einen oder anderen Sache geschickter an. Dem Baby ist es egal, wie lange Mama oder Papa zum Anziehen brauchen, solange das in liebevollem Kontakt geschieht. Letztlich profitieren Kinder davon, dass ihre Eltern Dinge unterschiedlich machen. Es gibt sogar Untersuchungen durch die Psychologin Nancy McElwain, die zeigen, dass Kinder in Bezug auf ihr emotionales Verständnis und ihr Konfliktverhalten davon profitieren, wenn Mutter und Vater sie jeweils auf unterschiedliche Art und Weise in belastenden Situationen trösten.[20] *Maternal Gatekeeping* kommt laut einer US-Studie aus dem Jahr 1999 bei gut einem Viertel aller verheirateten Frauen vor. Da bei dieser Untersuchung nicht verheiratete Paare gar nicht berücksichtigt wurden, dürfte die Dunkelziffer noch höher sein.[21]

Aber ganz unabhängig von statistischen Zahlen lässt sich auch in der Hebammenarbeit immer wieder beobachten, dass das Phänomen des *Maternal Gatekeeping* mal mehr oder weniger ausgeprägt vorkommt. In der Regel geht es aber beiden Elternteilen nicht gut damit. Der Vater ist frustriert, weil seine Bemühungen immer wieder kritisiert werden oder ihm nichts zugetraut wird. Oft reagiert er dann mit einem Rückzug, was die Versorgung des Kindes angeht. Die Mütter kommen schnell in eine Überlastung, wenn sie alle Aufgaben rund um das Kind allein übernehmen. Und für das Kind fühlt es sich meist auch nicht gut an, weil es die automatisch damit verbundenen Konflikte zwischen beiden Elternteilen spürt.

Gerade die Babyzeit ist von einer sehr engen Bindung zwischen Mutter und Kind geprägt, doch es geht während der ganzen Kindheit immer wieder ums Loslassen. Das spürt man als Mutter das erste Mal mit der Geburt – und danach immer wieder. Ein bisschen loslassen ist gut, wenn der Partner sich um das Kind kümmert. Schließlich liebt er diesen kleinen Menschen genauso, möchte ebenso das Beste für sein Kind. Und es ist egal, welche Mütze oder Socken das Kind nun trägt, solange es sich bei seinen Eltern geborgen fühlt.

Natürlich sollten sich auch im Gegenzug Väter nicht raushalten, weil sie denken, dass das Kind bei der Mutter besser aufgehoben wäre. Und auch wenn es durchaus anstrengend sein kann, von seiner Partnerin immer wieder auf »Fehler« hingewiesen zu werden, sollte nicht Rückzug die Reaktion darauf sein. Das »Türsteher«-Verhalten darf nicht zur Ausrede dafür werden, sich kaum oder gar nicht mehr in die Versorgung des Kindes einzubringen, ganz unter dem Motto »Sie kann das eh alles besser«. Väter sollten dranbleiben, aber auch ehrlich kommunizieren, dass sie die häufige Kritik als belastend empfinden. Denn ob Mutter oder Vater – wir bekommen alle am liebsten die Rückmeldung, dass wir alles gut hinbekommen. Zum einen von unserem zufriedenen Kind, aber auch gerne von unserem Partner.

Beide Elternteile sind generell gleichermaßen zuständig. Das Stillen kann ein Vater natürlich nicht übernehmen, aber das Kochen für seine Partnerin und sich kann auch ein wichtiger Beitrag zur guten Ernährung der *ganzen* Familie sein. Alle anderen Aufgaben rund um das Kind lassen sich ohnehin gut von beiden Eltern bewerkstelligen. Jeder sollte dabei dem anderen genug Raum geben, es auf *seine* Weise zu tun. Ganz automatisch wird man meist mit jedem zusätzlichen Kind, das in die Familie geboren wird, etwas flexibler. Denn plötzlich fehlen einfach die Zeit und ein bisschen auch die Kraft, all die vielen kleinen »Nebensächlichkeiten« bis ins Detail zu kontrollieren. Kurz gesagt: Es ist immer gut, sich als Eltern etwas locker zu machen.

Den Partner einfach machen lassen

- Eine Grundannahme verinnerlichen: Beide wollen das Beste fürs Kind.
- Einfach den anderen machen lassen und lieber die freie Zeit, in der der Partner das Kind betreut, für sich selbst genießen, anstatt sein Tun zu kontrollieren.
- Kinder profitieren von der Verschiedenartigkeit ihrer Eltern.
- Kinder zu haben, bedeutet immer wieder loszulassen und Vertrauen zu haben, in das Kind, aber auch in den Partner.
- Was ist wirklich wichtig? Nebensächlichkeiten von tatsäch-

lichen Bedürfnissen des Babys unterscheiden: unmittelbarer Trost, wenn das Baby weint, ist wichtig, zwei farblich
passende Socken sind es hingegen nicht.

Über Geld muss man reden

Kinder kosten Geld, so wie das ganze Leben. Aber gerade
als Eltern überkommen einen doch ganz neue Gedanken im
Hinblick auf die Finanzen. Wenn es zuvor hauptsächlich darum ging, für den eigenen Lebensunterhalt zu sorgen und
sich vielleicht gemeinsame Wünsche zu erfüllen, kommt nun
eine neue finanzielle Verantwortung auf ein Paar zu. Die meisten Partner haben zuvor für sich eine Lösung im Umgang mit
Geld gefunden, welche nun erneut auf den Prüfstand gestellt
werden muss. Wenn man sich die Mietkosten für die Wohnung oder ein Haus bisher paritätisch geteilt hat, muss dies
vielleicht nun anders gehandhabt werden, denn das Elterngeld
ersetzt nur einen gewissen Teil des bisherigen Einkommens.
Das Gefühl, vom Kontostand des Partners abhängig zu sein, ist
sehr belastend. Gerade dann, wenn in Sachen Finanzen schon
schlechte Erfahrungen in früheren Beziehungen gemacht wurden oder der Umgang mit Geld ein ewiges Streitthema in der
Herkunftsfamilie war. Die Anschaffungen, die man wirklich für
ein Baby braucht, sind eigentlich überschaubar, und doch geben werdende Eltern oft sehr viel Geld für die Erstausstattung
aus. Das Institut für Handelsforschung ermittelte, dass Eltern
sich diese im Jahr 2013 durchschnittlich 2976 Euro kosten lie-
ßen.[22] Zum Teil kaufen Eltern viel zu viel, zum anderen wird
für einzelne Produkte wie zum Beispiel den Kinderwagen sehr

viel Geld ausgegeben. Der Kauf von Babyprodukten gibt eventuell auch ein bisschen das Gefühl, diese neue unbekannte
Herausforderung etwas kontrollieren zu können. Viele Produkte versprechen ja auch blumig, dass sie uns das Leben mit
Kind wesentlich erleichtern werden. Und Werbung wirkt – unter dem Einfluss der Hormone werdender Eltern ganz besonders. Dazu ist die Phase, in der Erwachsene Eltern werden,
aus Sicht der werbetreibenden Industrie einer der raren Momente, in denen neue Marken in ihrem Leben platziert werden
können. Die Anschaffungen werden mit jedem weiteren Kind
weniger werden, zum einen natürlich, weil man viele Dinge
schon besitzt. Zum anderen aber auch, weil man weiß, was
sich bewährt hat und was eben doch nur ein leeres Werbeversprechen war.

Aber ob nun wirklich notwendig oder totaler Fehlkauf –
Geld kostet beides. Und das muss irgendwoher kommen. Ob
es vom laufenden Einkommen, den Ersparnissen, aus finanzieller Unterstützung durch die Großeltern oder auch durch
staatliche Finanzhilfen kommt, ist dabei nicht unerheblich.
Wenn ein Paar getrennte Konten hat, zeigt sich noch deutli-
cher, wer wofür jetzt das Geld ausgibt. Es stellt sich vielleicht
auch heraus, dass jeder andere Dinge für unerlässlich hält.
Sicherlich kann man darüber diskutieren, ob eine Wickel-
kommode notwendig ist und was sie kosten darf. Aber erst
einmal ist es wichtig zu schauen, welche Lebenshaltungskosten laufend finanziert werden müssen und wie dies zukünftig weiterläuft, wenn in der Elternzeit eventuell weniger
Einkommen zur Verfügung steht. Miete, Strom, Telefon und
Internet, Versicherungen, Kfz-Kosten, aber auch Kredite oder
regelmäßige Kosten für Freizeitaktivitäten wie den Sportver-
ein sollten dabei bedacht werden.

Berufsarbeit und Familienarbeit

Die nächste Frage ist, wer zukünftig wie viel Einkommen in der Familie erwirtschaften wird. Da in der Regel nur einer arbeiten gehen kann, während der andere sich um das Kind kümmert, ist spätestens hier der Zeitpunkt gekommen, von einem gemeinsamen Familieneinkommen zu sprechen. Denn natürlich ist die Versorgung des Kindes genauso als Arbeit zu sehen wie der Job im Büro, in einer Firma, im Krankenhaus oder wo auch immer man arbeitet. Die meisten Eltern entscheiden sich dafür, ihr Kind zumindest im ersten Jahr selbst zu betreuen. Ansonsten kommen zum Teil recht hohe Betreuungskosten auf die Eltern zu, die natürlich auch finanziert werden müssen. Jobs, die sich wirklich mit dem Kind vereinbaren lassen, gibt es nur wenige. Auf eine umfassende Unterstützung durch Großeltern oder andere Familienmitglieder können (und wollen) nur wenige Paare zurückgreifen.

Es bleibt also meist dabei, dass das arbeitende Elternteil davon abhängig ist, dass der andere Partner während der Arbeitszeit das Kind gut versorgt. Der Elternteil, der zu Hause bleibt, ist teils vom Einkommen des anderen abhängig. Ein gemeinsames Konto kann also durchaus sinnvoll sein, weil es das Leben auch dahingehend erleichtert, dass keiner den anderen »um Geld bitten muss«. Wichtig ist hier, dass es keine Wertung in Bezug auf die Arbeit gibt. Natürlich bekommt man keinen monatlichen Lohn dafür, dass man zu Hause das Kind versorgt, aber ohne die Übernahme dieser Aufgabe könnte der andere Partner auch nicht arbeiten gehen. Deshalb sollten beide die Arbeit des anderen gleich wertschätzen. Sich um sein Kind zu kümmern ist eine sehr verantwortungsvolle und oft ebenso anstrengende Aufgabe wie die Arbeit im zuvor erlernten Beruf. Es ist also nicht so, dass einer »zu Hause bleibt« und nur der andere zur Arbeit geht. Diese wechselseitige Wertschätzung ist sehr wichtig, auch damit sich der das Kind versorgende Partner nicht als Bittsteller fühlen muss, wenn es um die finanzielle Belange geht.

Wenn einer oder beide Partner schnell dazu neigen, in finanziellen Dingen den Überblick zu verlieren, kann auch ein »Haushaltsbuch« sinnvoll sein, in das alle Ausgaben, aber auch Einnahmen eingetragen werden. Dies bietet auch eine gute Grundlage für Gespräche über Gelddinge, denn oft unterscheidet sich die subjektive Wahrnehmung vom objektiven Kauf- und Ausgabeverhalten.

Mit der Geburt des Kindes ändert sich häufig der Anspruch der Eltern an die momentane Wohnsituation. War die Zwei-Zimmer-Wohnung doch bisher immer so gemütlich, erscheint auf einmal alles zu eng und zu klein. Nicht wenige Paare ziehen noch in der Schwangerschaft überstürzt in eine größere Wohnung – in der Regel verbunden mit höheren Kosten. Doch gerade in den ersten Jahren sind Kinder sehr genügsam, was Platz angeht. Das eigene Kinderzimmer ist auch nicht notwendig, da sie sich ohnehin am liebsten im Nahbereich ihrer Eltern aufhalten möchten. Es ist also durchaus sinnvoll, solche Überlegungen trotz eines nahenden Geburtstermins ganz in Ruhe anzugehen, vor allem dann, wenn sie mit deutlich höheren Kosten verbunden sind.

Das Thema Finanzen hat sehr viele individuelle Facetten und es lohnt sich sicherlich auch hier bei Bedarf, fachliche Unterstützung und Beratung in Anspruch zu nehmen. Gerade das große Kapitel Elterngeld ist zum Beispiel besonders für Selbstständige sehr komplex. Anspruch auf Mutterschaftsgeld vor und nach der Geburt gibt es auch nur unter bestimmten Voraussetzungen. Je nach Einkommenslage gibt es weitere finanzielle staatliche Hilfen wie zum Beispiel für die Erstausstattung durch die Bundesstiftung Mutter und Kind. Auch gilt es bei verheirateten Paaren zu überprüfen, ob Optionen wie die kostenlose Mitversicherung von Familienmitgliedern bei der gesetzlichen Krankenkasse infrage kommen. Redebedarf gibt es auf jeden Fall genug zu dem Thema und die Diskussionen übers Geld sollten auch nicht ausgelassen werden. Aufseiten der Väter kommen nicht selten wirkliche Existenzängste auf, weil sie sich mit dem Kind auf einmal ganz stark in einer singulären Versorgerrolle sehen, die sie meinen möglichst gut erfüllen zu müssen. Bei jedem Kind müssen zudem nicht selten alle Rollen neu ausgehandelt werden, da unterschiedliche berufliche Situationen jeweils neue Vorgehensweisen erfordern. Ein Patentrezept gibt es hier, wie in vielen anderen Situationen, leider nicht.

Geld und Finanzen organisieren

Beratung zu finanzieller Unterstützung vor und nach der Geburt: *profamilia.de, caritas.de, awo-schwanger.de*

Informationen zum Elterngeld und zur Elternzeit: *familienplanung.de, elterngeld-plus.de*

Apps zu Finanzen und familiärer Buchhaltung: *Haushaltsbuch MoneyControl – Einnahmen & Ausgaben*

Literatur
Sandra Runge: Don't worry, be Mami. Juristisches Know-how rund um Schwangerschaft, Geburt und Elternsein, Blanvalet-Verlag 2017

Liebe und Sexualität

Das Kind ist in der Regel ein »Produkt der Liebe und der Sexualität« – und gerade letztere verändert sich in den Monaten nach der Geburt erheblich. Allerdings kann das Thema Sexualität auch für viele Paare schon vor der Schwangerschaft zu einer Belastung werden, nämlich dann, wenn sich die Schwangerschaft nicht so schnell wie gewünscht oder gar nicht einstellt. Da wird dann der Zyklus überwacht, um die fruchtbarste Phase zu ermitteln und Sex findet nicht mehr spontan statt, sondern entsprechend der Ermittlung eines positiven Ovulationstests. Während sich die erste Zeit ohne Verhütung noch schön und aufregend anfühlt, kommt mit jedem neuen Zyklus ohne eingetretene Schwangerschaft gerade bei den Frauen mehr Frust und Traurigkeit dazu. Eine gute Sexualität ist auch immer davon geprägt, wie sehr sich jemand entspannen und fallen lassen kann. Und genau dies wird zunehmend schwieriger, wenn es das Hauptziel ist, ein Kind zu zeugen. Außerdem können bei Frauen wie Männern Zweifel an der Funktionsfähigkeit ihres Körpers entstehen, die natürlich auch Einfluss auf die gemeinsame Intimität haben.

Es ist ein Märchen, dass Paare generell vor der Schwangerschaft immer ein zufriedenes und erfülltes Sexualleben haben und nun von den Veränderungen, die die Elternschaft mit sich bringt, völlig überrollt werden. Gerade Paare, die schon länger zusammen sind, haben immer wieder sexuell aktivere Phasen und Zeiten mit weniger gemeinsamer Sexualität erlebt.

Trotzdem ist dies ein Thema, das vielen werdenden Eltern schon im Vorfeld Sorgen bereitet – auch weil man immer wieder darüber liest, wie sehr sich Lust und Sexualität nach der Geburt eines Kindes verändern werden. So geben in Untersuchungen des Psychiaters Michael Berner aus dem Jahre 2005 rund 80 Prozent der Frauen zu, sechs Monate nach der Entbindung noch nicht wieder zu einer vergleichbaren Sexualität wie vor der Schwangerschaft gefunden zu haben. Das gilt sowohl hinsichtlich der Häufigkeit als auch der Qualität. 37,2 Prozent der Frauen gaben an, dass sie seit der Geburt des Kindes nur selten oder sogar überhaupt kein Verlangen nach Sexualität hätten. Die Initiative zum ersten Geschlechtsverkehr nach der Geburt geht dabei in über 60 Prozent der Fälle vom Mann aus und nur in rund 33 Prozent von der Frau selbst.[23]

Für das einzelne Paar heißen diese Zahlen aber erst einmal gar nichts, außer dass man genauso wie in Bezug auf alle anderen durch die Elternschaft bedingten Veränderungen miteinander im Gespräch bleiben sollte.

Bereits in der Schwangerschaft wird man auf die Veränderungen in der Sexualität vorbereitet. Gerade in den ersten Wochen haben viele Frauen aufgrund von Übelkeit oder starker Erschöpfung und Müdigkeit wenig bis gar keine Lust. Schon Küssen kann da zu viel sein. Damit sich der Partner nicht komplett zurückgewiesen fühlt, ist es wichtig zu sagen, wie es einem gerade geht und warum. Nicht wenige Frauen, aber auch Männer, haben einfach Angst, dass dem Kind durch das Ausleben der Sexualität etwas passieren könnte – vor allem dann, wenn schon einmal Schwangerschaftskomplikationen oder auch Fehlgeburten aufgetreten sind. Manchmal ist es aus medizinischen Gründen, zum Beispiel bei Blutungen oder Frühgeburtsbestrebungen, erforderlich, temporär ganz auf Sexualität zu verzichten.

Elterntagebuch Anja:
Fass mich nicht an!

In den ersten Wochen aller Schwangerschaften war ich nicht nur furchtbar müde, sondern mir war auch immer furchtbar schlecht – gepaart mit gelegentlichem Erbrechen. Diese Übelkeit verstärkte sich nicht nur durch den Geruch oder den Anblick der meisten Lebensmittel, sondern auch durch Körperkontakt und vor allem auch durchs Küssen. Beim ersten Kind war Christian doch noch etwas irritiert von meiner Ablehnung jeglicher körperlichen Annäherung, selbst bei der einfach nur nett gemeinten einfachen Umarmung. Bei allen weiteren Schwangerschaften sah Christian, dass ich selbst auf die Nähe der Kinder bisweilen mit Übelkeit und Erbrechen reagiert habe. Natürlich habe ich sie trotzdem bekuschelt und geküsst. Christian hat mich dementsprechend einfach in Ruhe gelassen. Rückblickend schauen wir immer mit dem für schwangere Paare sowieso unerlässlichen Humor auf diese ersten Wochen zurück, in denen ich »vom Küssen und Kuscheln immer kotzen musste«.

Aber auch ganz unabhängig von Komplikationen können sich die sexuellen Bedürfnisse in der Schwangerschaft stark verändern – das trifft übrigens für beide Partner zu. Während manche Frauen sich mit den neuen Rundungen richtig wohl und körperlich attraktiv fühlen, macht es manchem werdenden Vater ein bisschen Angst, wenn sich der Körper so sehr verändert. Es ist eine Sorge da, der Partnerin oder auch dem Kind eventuell zu schaden, wenn man sich körperlich näher kommt. Eine Zurückweisung kann sich für beide Partner ungut anfühlen, wenn nicht thematisiert wird, was dahintersteckt. Wenn ein Paar bisher nie viel über seine Sexualität gesprochen hat, ist spätestens jetzt ein guter Zeitpunkt dafür, damit anzufangen. Generell kann das Bedürfnis nach Nähe variieren und es gilt, einen Kompromiss zu finden, mit dem sich beide wohl fühlen. Manchmal ist es auch einfach nur das Wahrnehmen, dass sich Bedürfnisse gerade nicht unter einen Hut bringen lassen, aber dass eine Beziehung immer aus vielen Aspekten besteht. Es ist darum okay, wenn es in einem Bereich vielleicht gerade nicht so optimal läuft, aber man weiterhin im Austausch bleibt und einfach gemeinsam schaut, wie sich die Dinge entwickeln. Denn Leistungsdruck ist gerade im Bereich der Sexualität wirklich nicht beziehungsfördernd.

Wenn das Kind schließlich geboren ist, kommen mehrere körperliche Aspekte hinzu, die die gemeinsame Intimität belasten können. Zum einen können tatsächliche Geburtsverletzungen und Schmerzen ein Problem sein, zum anderen kann das Ereignis Geburt auch ohne sicht- und spürbare Beschwerden zunächst dazu führen, dass für einen längeren Zeitraum keinerlei Berührung in diesem intimen Bereich gewünscht ist. Dies trifft meist auch auf die Brust zu, die nun durch das Stillen Tag und Nacht sehr beansprucht wird. Die meisten Frauen sind einfach froh, wenn sie dort außerhalb der Stillzeiten nicht berührt werden. Überhaupt ist durch die enge Verbindung von Mutter und Kind in den ersten Monaten so viel körperliche Nähe vorhanden, dass der Wunsch nach weiterer Körperlichkeit mit dem Partner eher klein oder gar nicht vorhanden ist. Dies muss aber nicht zwingend so sein, weshalb auch hier gilt, einfach danach zu fragen, was gerade guttut und was nicht. Da die Frau bei und nach der Geburt körperlich sehr gefordert wurde, sollten in dieser Zeit ihre Bedürfnisse Vorrang haben.

Auch die bleierne Müdigkeit, die die erste Babyzeit mit sich bringt, ist ein echter Lustkiller. Wenn beide Eltern sich viel um das Kind kümmern, wird es ihnen aber gleichermaßen so gehen. Zusätzlich sorgen die Hormone nach der Geburt dafür, dass Sexualität zunächst nicht im Vordergrund steht. Das Stillhormon Prolaktin unterdrückt den Eisprung, sodass bei vielen stillenden Frauen monatelang kein Zyklus passiert. Dies kann man zum einen natürlich zur Verhütung nutzen (siehe LAM, Seite 103), aber gleichzeitig ist die Libido, also das sexuelle Verlangen, durch den in der Stillzeit niedrigen Östrogenspiegel herabgesetzt. In früheren Zeiten, bevor es andere verlässliche Verhütungsmethoden gab, hat dieser Umstand Frauen vor einer zu schnellen Schwangerschaftsfolge bewahrt. Es gibt jedoch widersprüchliche Untersuchungen, wenn es um das sexuelle Verlangen von Frauen in der Stillzeit geht. Es ist also vermutlich weniger das Stillen als andere mit der Elternschaft verknüpfte Faktoren, die sich auf die Sexualität der Mütter auswirken.[24]

Auch bei Vätern verändert sich die hormonelle Situation, übrigens bereits während der Schwangerschaft. Der Prolaktinspiegel steigt ebenfalls etwas an und der des Sexualhormons Testosteron sinkt. Dies fördert das Fürsorgeverhalten der Väter gegenüber ihrem Kind. Untersuchungen zeigten, dass Väter, die nahe bei Ihren Kindern schlafen, einen niedrigeren Testosteronspiegel haben.[25] Es gibt also eine Vielzahl von Faktoren, warum sich die sexuelle Lust in der Schwangerschaft und nach der Geburt eines Kindes verändert.

Verhütung ist nach der Geburt für eigentlich alle Paare ein relevantes Thema, weil meist nicht sofort ein weiteres Kind gewünscht ist und man rein medizinisch dem Körper der Mutter ein bisschen Erholungszeit gewähren sollte. Bei der Abschlussuntersuchung ungefähr sechs Wochen nach der Geburt wird der betreuende Frauenarzt auch das Thema Verhütung ansprechen. Es ist gut, sich als Paar vorab gemeinsam zu überlegen, welcher Weg der passende sein könnte. Viele Frauen möchten nach der Geburt keine hormonellen Verhütungsmethoden anwenden, sodass über andere Optionen gesprochen werden muss. Ob die Laktations-Amenorrhö-Methode angewendet wird oder Kondome zum Einsatz kommen, muss jedes Paar für sich entscheiden.

LAM – die Laktations-Amenorrhö-Methode

Amenorrhö ist der medizinische Fachbegriff für das Ausbleiben der Menstruation – und in diesem Fall passiert das laktations-, also stillbedingt. Wenn Sie beim ausschließlichen Stillen folgende Regeln beachten, bietet die LAM[26] mit einem Pearl-Index von 2 (also in 98 Prozent aller Fälle) eine sichere Verhütung, wie mittlerweile durch mehrere große Studien bewiesen wurde:

- Sie dürfen die Methode nur in den maximal ersten sechs Lebensmonaten des Kindes anwenden, danach ist sie aufgrund veränderter hormoneller Werte nicht mehr sicher.
- Maximal heißt in diesem Fall: Immer auch nur so lange, bis die Menstruation wieder einsetzt. Ab dann startet wieder der normale Ovarialzyklus (hierbei gilt: die Blutungen der allerersten Zeit, die mit dem Wochenfluss einhergehen, zählen nicht).
- Das Baby erhielt bisher und erhält ausschließlich Muttermilch aus der Brust. Sie füttern nicht zu, Sie pumpen nicht ab.
- Sie stillen nach Bedarf.
- Zwischen den Stillmahlzeiten liegen tagsüber *maximal* vier Stunden und nachts sechs (das ist der Haken – eventuell müssen Sie sich einen Wecker stellen, wenn Ihr Kind zu langen Schlafphasen neigt und es im Schlaf anlegen) – sonst sinkt der Hormonspiegel zu stark.
- Sie dürfen Ihrem Kind keinen Beruhigungssauger (Schnuller) geben und keine Stillhütchen verwenden. Ändert sich das Saugverhalten des Kindes, könnte dies die Laktations-Amenorrhö beenden.[27]

Hormonell bedingt ist bei vielen Frauen nach der Geburt eine vaginale Trockenheit gegeben, die den Geschlechtsverkehr unangenehm machen kann. Gleitgele können hier eine Linderung schaffen. Es ist auf jeden Fall wichtig, auch während der vielleicht gerade stattfindenden Sexualität »im Gespräch zu bleiben«. Insbesondere die Partnerin sollte ansagen, wenn ihr etwas unangenehm ist. Ebenso wie eine Geburtsverletzung zum Beispiel durch einen Dammschnitt oder einen Riss im Scheidenbereich kann auch eine Kaiserschnittnarbe zu Beschwerden führen. Das »erste Mal« nach der Geburt ist immer ein bisschen eine besondere Situation, an die ein Paar besonders einfühlsam und ohne Erwartungsdruck herangehen sollte. Zudem kann es sein, dass man durch das Baby gestört wird, sodass man die gemeinsame »Unternehmung« auf einen späteren Zeitpunkt verschieben muss. Mit etwas Humor und der Gewissheit, dass es den meisten Paaren so geht, kommt man am besten durch diese Situationen.

Das Hauptproblem, weshalb die Sexualität nach der Geburt eines Kindes als schwierig wahrgenommen wird, ist weniger der fehlende Geschlechtsverkehr als vielmehr die damit verbundene Zurückweisung. Gleichzeitig fehlt Eltern ja auch generell die Zeit für gemeinsame Gespräche und Aktivitäten. Somit wird schnell die ganze Beziehung infrage gestellt, weil es ja scheinbar auf allen Ebenen »nicht mehr läuft«.

Lassen Sie sich bitte nicht verrückt machen von Durchschnittswerten für eine erfüllte Sexualität oder anderen möglichen Erwartungen an sich selbst. Gehen Sie offen und ehrlich miteinander um. Durch die gemeinsam erlebte Schwangerschaft und die Geburt ist noch einmal eine ganz neue Nähe als Paar entstanden, die auch viel Potenzial beinhaltet, kleine und große Beziehungskrisen zu meistern. Wenn mögliche Differenzen in der gemeinsamen Sexualität zu belastend werden oder zu lange anhalten, kann es auch sinnvoll sein, sich im Rahmen einer Paarberatung Unterstützung zu holen. Keine Sorge, es ist nicht gleich eine »Ehetherapie« erforderlich, aber manchmal können kleine Impulse von außen gerade in Bezug auf die Kommunikation in diesem Themenbereich überraschend hilfreich sein.

Darüber reden hilft immer

Generell wird die sich verändernde Sexualität im Kontext Schwangerschaft, Geburt und Elternzeit in der Beratung noch sehr vernachlässigt. Der Hauptfokus liegt meist auf der Benennung möglicher Einschränkungen und der Verhütung nach der Geburt. Auch in Geburtsvorbereitungskursen wird dieses Thema meist nur kurz gestreift, sicherlich auch weil es als Gruppenthema doch zu intim ist. Die vertrauensvolle Beziehung zur betreuenden Hebamme kann aber eine gute Grundlage sein, um im persönlichen Gespräch mögliche Sorgen oder Fragen zu thematisieren. Denn natürlich hat das Erleben der Sexualität großen Einfluss auf die Beziehung der Eltern. Die hohen Trennungsraten in den ersten Jahren nach der Geburt lassen sich auch auf Schwierigkeiten in diesem Bereich zurückführen.[28] Es ist also eine gute Idee, sich damit auseinanderzusetzen – gerade wenn sich einer der Partner durch die aktuelle Situation belastet fühlt. Denn eine erfüllte Sexualität schafft nicht nur Wohlbefinden und Befriedigung, sondern auch eine große Nähe zueinander. Die Zufriedenheit in der Paarbeziehung ist unmittelbar damit verknüpft. Eine Durststrecke ist aber gut machbar, wenn man sich danach als Paar nach und nach wieder eine gewisse Zweisamkeit und Intimität zurückerobert.

Und so, wie man als Eltern von nun an vieles detaillierter planen muss, kann es auch manchmal sinnvoll sein, sich ganz bewusst miteinander für einen schönen Abend oder auch Morgen zu verabreden. Denn Spontaneität auch in Bezug auf die Sexualität ist in den ersten Elternjahren eher etwas, das deutlich abnimmt. Aber es wäre schade, deshalb ganz auf gemeinsame Nähe und Sexualität zu verzichten.

Eine angemessene Qualität und Quantität kann jedes Paar nur für sich selbst finden. Die Beziehung ändert sich mit der Elternschaft auf vielen Ebenen – aber Veränderungen bringen auch immer viele neue gute Impulse mit sich, wenn man sich darauf einlässt. Dazu sagt der dänische Familientherapeut Jesper Juul sehr treffend: »Nicht das Kind zerstört die Paarbeziehung, sondern die nostalgische Einstellung der Erwachsenen zu einer Art von Beziehung, die unwiderruflich vorbei ist.«[29] Das mag auf den ersten Blick vielleicht sehr direkt und auch etwas hart klingen. Wenn man es aber als Paar schafft, die »guten alten Zeiten« als schöne Erinnerung zu bewahren anstatt ihnen hinterherzutrauern und offen zu sein für alles Neue, was kommt, hat man eine sehr realistische Chance neben guten Eltern auch ein glückliches Paar zu sein.

Sexualität nach der Geburt

- Veränderungen können bei beiden Partnern in beide Richtungen gehen. Ob mehr, weniger oder gar keine Lust – es ist sinnvoll, sich über seine Befindlichkeiten auszutauschen, weil sonst schnell Missverständnisse entstehen.
- Es ist gut, sich klar zu machen, dass die gemeinsame Sexualität nur ein – wenn auch wichtiger – Aspekt einer Paarbeziehung ist. Es muss nicht immer in allen Bereichen gleich gut laufen. Vielleicht gab es auch schon vor dem Elternsein stressige Phasen, in der die Sexualität etwas zu kurz kam. Dennoch ist man als Paar durch andere verbindende Dinge gemeinsam gewachsen.
- Das erste Mal nach der Geburt sagt nichts darüber aus, wie das zukünftige Sexualleben aussehen wird. Es ist eine

besondere Situation, die von sehr vielen Faktoren beeinflusst wird – Faktoren, die sich größtenteils auch wieder ändern werden.

- Gemeinsame Nähe sollte nicht automatisch mit Sex verknüpft werden. Gerade Mütter wünschen sich oft, einfach in die Arme genommen zu werden, fühlen sich aber für mehr nicht bereit, weil der ständige Körperkontakt mit dem Kind sie gerade in Sachen Nähe »übersättigt«.

- Nicht ohne Grund geben viele Menschen an, dass Humor eine wichtige Charaktereigenschaft bei ihrem Partner sei. Tatsächlich hilft es auch als Paar, lieber gemeinsam darüber zu lachen, wenn man beim Sex durch das Baby gestört wird, als sich darüber zu ärgern.

- Auch wenn es sich gerade ganz anders anfühlt: Die Zeit, in der uns unsere Kinder so intensiv brauchen, ist vergleichsweise kurz. Mit der wachsenden Selbstständigkeit wird auch der Freiraum für die Eltern und für gemeinsame Zeit zu zweit wieder größer.

- Anhaltende Schmerzen oder andere Beschwerden nach einer Geburt sollten ernst genommen werden, weil sie langfristig die Zufriedenheit mit der eigenen Sexualität beeinträchtigen. Die betreuende Hebamme oder der Frauenarzt können hier ein erster Ansprechpartner sein, wenn zum Beispiel die Narbe einer Geburtsverletzung lange Zeit Beschwerden verursacht.

- Als Paar sollte man die Themen Verhütung und weiterer Kinderwunsch gemeinsam besprechen und sich die Verantwortung dafür entsprechend teilen.

Von getrennten Betten und dem Familienbett als Erotikkiller

Das Schlafverhalten von Babys aber auch Kleinkindern unterscheidet sich sehr von dem der Erwachsenen. Tatsächlich gehört der damit für die Eltern verbundene Schlafmangel zu den größten Herausforderungen in den ersten Monaten beziehungsweise Jahren. Auf der vorgeburtlichen Suche nach dem besten Schlafplatz für das Baby orientieren sich die Menschen hierzulande nur allzu gerne an den Werbeversprechen der Hersteller von Babymatratzen und Federwiegen oder Spieluhren und gar Kuscheltieren mit »echten« Herzschlaggeräuschen. Aber schnell merken fast alle nach der Geburt, dass kein Bettchen oder Kuscheltier dem Baby das geben kann, was es berechtigterweise einfordert, wenn es um das Thema Schlafen geht: Im Bauch seiner Mutter erfährt ein Baby eine geborgene, sichere und warme Umgebung mit einer kontinuierlichen Nahrungszufuhr. Ideal also, um darin zu wachsen, aber auch zu schlafen. Auch nach der Geburt braucht das Baby ähnliche Bedingungen, um entspannt in den Schlaf zu finden und nach dem Aufwachen wieder einzuschlafen. Deshalb schlafen die allermeisten Kinder am besten im Nahbereich ihrer Eltern. Zumindest für das erste Lebensjahr wird auch ein Schlafplatz im gleichen Raum mit den Eltern empfohlen, weil das gemeinsame Schlafen das Risiko für den plötzlichen Kindstod senkt.

Erholsamer Schlaf für alle!

Oft ist selbst der gemeinsame Raum noch nicht Nähe genug für ein Baby. Es schläft am allerbesten, wenn es seine Mama dabei fühlen, riechen und hören kann. Auch das Stillen in der Nacht wird durch das sogenannte Co-Sleeping, also das Schlafen im Nahbereich der Eltern, sehr erleichtert. Die Schlafzyklen von Mutter und Kind stimmen sich aufeinander ab und trotz des nächtlichen Aufwachens fühlen sich Mütter erholter, als wenn sie jedes Mal aufstehen müssen, um das Baby zu füttern. Gemeinsames Schlafen bedeutet also meist mehr Schlaf für alle.

Viele Eltern entscheiden sich deshalb für ein Beistellbett, das direkt mit seiner offenen Seite am Elternbett angebracht wird oder gleich für einen Babyschlafplatz im Familienbett. Damit dieser sicher ist, sollten ein paar Kriterien beachtet werden. Wasserbetten oder alte durchgelegene Matratzen sind ungeeignet. Das Baby soll in Rückenlage im eigenen Schlafsack schlafen und genug Platz haben. Kissen, Decken oder Kuscheltiere gehören nicht auf den Babyschlafplatz. Die Raumtemperatur liegt idealerweise bei 16 bis 18 Grad.

Im Familienbett ist es wichtig, dass keiner der mitschlafenden Eltern Alkohol, Drogen oder Medikamente konsumiert hat oder krank ist. Da die Mutter im Schlaf am feinfühligsten auf die Signale des Kindes reagiert, sollte das Baby an Mamas Seite schlafen. Natürlich muss auch sichergestellt sein, dass es nicht herausfallen kann. Für rauchende und stark übergewichtige Eltern wird das gemeinsame Schlafen mit dem Kind in einem Bett ausdrücklich nicht empfohlen. Aber ob nun Beistellbett, Einzelbett oder Familienbett – Sie müssen für sich und Ihre Familie eine angenehme und sichere Schlafoption finden, mit der sich alle wohl fühlen.

Die Nächte sind und bleiben für die meisten Eltern eine Herausforderung. Deshalb sollte man es sich so einfach wie möglich machen, denn Schlafmangel verursacht auch auf der Paarebene einen großen Teil der täglichen Streitereien. Haben Sie also keine Angst – weder vor dem Familienbett noch vor temporär getrennten Schlafplätzen. Wenn das Schlafen mit dem Baby in einem Raum dazu führt, dass beide Partner immer gleich häufig wach sind und am nächsten Tag ebenso gleichermaßen müde und erschöpft, empfiehlt sich ein Ausweichschlafplatz. Oft muss das Sofa dafür herhalten. Je nach Modell ist das aber auf lange Sicht keine bequeme Variante. Investieren Sie deshalb am besten schon vor der Ankunft des Babys in einen platzmäßig ausreichenden und bequemen Ausweichschlafplatz. Das kann durchaus auch ein Sofa zum Ausziehen im Kinderzimmer oder in einem anderen Raum sein. So lassen sich anstrengende Nächte in »Schichten« aufteilen. Meist sind die Mütter, wenn sie stillen, wesentlich mehr gefordert. Der Ausweichschlafplatz *ohne* Baby ist auch von der Mutter gut nutzbar, wenn der Vater nach der letzten Stillrunde übernimmt. In Sachen Schlaf lässt sich mit Babys wenig planen. Sie müssen deshalb ein wenig von Tag zu Tag entscheiden, wie es sich gerade am besten schläft. Getrennte Betten bedeuten nicht das Ende der Beziehung. Ganz im Gegenteil: Möglichst »effektive« Schlafarrangements sind die beste Prophylaxe gegen müdigkeitsbedingte Konflikte. Wichtig ist dabei natürlich, dass sie den Bedürfnissen *aller* Beteiligten gerecht werden und nicht einer auf dem Zahnfleisch geht, während der andere sich »ausschläft«.

Denken Sie auch in schlaflosen Zeiten ein bisschen weiter, denn so wie es gerade ist, wird es nicht bleiben. Vorausgesetzt Sie und Ihr Partner bleiben zusammen, werden Sie noch sehr viel mehr Jahre gemeinsam in einem Bett schlafen, als Sie die Nächte mit Ihren Kindern darin verbringen. Im Übrigen gibt es auch Paare, die schon vor Ihrer Zeit als Eltern lieber getrennt als gemeinsam schlafen – und glücklich damit sind. Kurzum: Entkoppeln Sie das Thema Schlafen und Romantik voneinander, zumindest für eine gewisse Zeit.

Lektüre

Herbert Renz-Polster / Nora Imlau: Schlaf gut, Baby! Der sanfte Weg zu ruhigen Nächten, Gräfe und Unzer Verlag 2016
Sibylle Lüpold: Ich will bei euch schlafen! (Ein-)Schlafen lernen mit Co-Sleeping, Herder Verlag 2014

Sex in der Babyzeit: Alternativen finden

Wenn Eltern gemeinsam mit ihren Kindern im Familienbett schlafen, wird ja schnell unterstellt, dass deshalb auch keine Sexualität mehr stattfände. Wie schon erwähnt, verändert sich mit dem Elternsein die Sexualität. Hauptfaktor ist aber nicht die von den Kindern »besetzte« Schlafstätte, sondern die schon genannten Faktoren – allen voran auch hier Schlafmangel und Erschöpfung. Ebenso macht es die durch den Nachwuchs bedingte fehlende Spontaneität oft schwierig. Andererseits müssen Paare sogar überdurchschnittlich spontan sein, um die anfangs eher wenigen sich bietenden Gelegenheiten nutzen zu können. Dafür braucht es aber nicht dringend das Bett im Elternschlafzimmer. Genau wie Paare ohne Kinder können auch Eltern an allen möglichen Orten Sex haben. Und wenn es unbedingt ein Bett sein muss, kann ja auch der zuvor beschriebene »Ausweichschlafplatz« genutzt werden. Ob nun Bett, Sofa, Badewanne oder Küchentisch – nicht das ungestörte Plätzchen, sondern die ungestörte Zeit wird zur Herausforderung werden. Wenn das Liebesleben also gerade eher etwas »eingeschlafen« ist, liegt das in der Regel nicht an Ihrem Familienbett, sondern an der Gesamtsituation.

Suchen Sie sich die für die gesamte Familie am besten passenden Schlafoptionen, ganz unabhängig vom Sexualleben. Und bleiben Sie flexibel und spontan – ob es nun um das Schlafen oder das Miteinanderschlafen geht.

»Ihr müsst endlich mal was für euch machen!«

Dass es wichtig ist, sich auch um sich selbst und um die Paarbeziehung zu kümmern, haben wir mehr als einmal deutlich gemacht. Allerdings geraten manche Paare unter Druck, wenn ihnen von außen ständig gesagt wird, dass sie »endlich mal wieder etwas für sich machen« müssten, damit die Beziehung nicht in die Brüche gehe. Dies hören Eltern nicht selten schon wenige Monate nach der Geburt. Gerade beim ersten Kind kommen dann Zweifel auf, ob man »zu viel« Zeit mit seinem Baby verbringe und es doch endlich auch mal in andere Hände abgeben sollte. Hier gibt es kein Falsch und kein Richtig, sondern nur das eigene Bauchgefühl, das einem recht verlässlich sagen wird, was zu welchem Zeitpunkt passt. Für manche Paare passt es wirklich bereits in der Babyzeit, auch mal sogar über Nacht gemeinsam wegzufahren. Vielleicht auch deshalb, weil es von Anfang an die Großeltern sehr nah an der Seite des Babys gab, denen das Baby ohne große Bedenken anvertraut werden kann. Die Bedingungen und Gedanken diesbezüglich sind für alle Eltern unterschiedlich. Es lässt sich jedenfalls nicht pauschal sagen, wann eine erste längere Abwesenheit vom Kind sich passend anfühlen wird.

Die Zeiten, in denen die Eltern und ihr Kind auch mal länger voneinander getrennt sein werden, kommen ohnehin. Aber das muss vielleicht noch nicht gerade jetzt sein, werden sich manche Eltern denken. Meist gibt es zum Glück keine zwingende Notwendigkeit, länger ohne sein Kind zu sein. Das Bedürfnis, »endlich mal wieder etwas länger ohne Kind zu tun«, wird bei vielen Eltern mit jedem Kind kleiner. Vielleicht bedingt durch das Wissen, wie schnell die Kinder größer und unabhängiger werden. Und wie damit auch die eigene Unabhängigkeit als Erwachsener und als Paar wieder wächst.

Man muss die Trennung vom Kind auch nicht für mögliche Notfälle »einüben«. Wenn es plötzlich eine wirkliche Notwendigkeit gäbe, zum Bespiel wegen eines Krankenhausaufenthaltes oder einfach einer unausweichlichen Reiseoption, dann würde bestimmt alles klappen. Doch für einen »Abend zu zweit«, muss es nicht zwingend sein, gerade dann nicht, wenn sich beide Eltern oder auch nur ein Elternteil sehr unwohl damit fühlt, sich vom Kind zu trennen, muss man nichts erzwingen. Dann stünden die Chancen auf eine wirklich schöne und entspannte gemeinsame Zeit eher schlecht. Die stark »näheintensive« Zeit mit Kindern ist vergleichsweise kurz. Für jedes Alter gibt es eine Eltern-Abwesenheitsdosis, die passt. Aber die fühlt sich für jedes Kind und jedes Elternteil individuell unterschiedlich an. Wann ist also der richtige Zeitpunkt, das erste Mal einen Nachmittag, einen Abend oder sogar eine Nacht ohne

Baby oder Kleinkind zu verbringen? Einfache Antwort: Wenn es sich richtig anfühlt – trotzdem darf natürlich auch etwas Abschiedsschmerz und Sehnsucht mit dabei sein. Ein bisschen Magengrummeln beim Abschied ist okay, richtige Bauchschmerzen zeigen aber vielleicht an, dass es noch zu früh ist. Das wird sich mit der Zeit ändern, manchmal ist es einfach noch nicht soweit. Und darum ist es gut, die für sich passende Entscheidung treffen zu können. Das gilt genauso für die Eltern, die etwas früher das Bedürfnis haben, mal eine »längere Auszeit« ohne Kind nehmen zu wollen.

Elterntagebuch Christian:
Unsere Zeit kommt immer wieder

Beim ersten Kind haben uns immer wieder Menschen um uns herum (meistens jene, die da noch gar keine Kinder hatten) gesagt, dass wir aufpassen müssten, dass wir nicht nur noch als Eltern unterwegs sind. Auch wenn es sich eigentlich richtig anfühlte, viel Familienzeit zu dritt zu verbringen, kamen uns damals immer wieder Zweifel, ob wir nicht doch mal einen Babysitter fürs Kind bräuchten. Doch gleichzeitig erschien es uns persönlich viel zu früh, die kleine Tochter durch andere ihr noch nicht so vertraute Personen betreuen zu lassen.

Mit jedem weiteren Kind wurden wir diesbezüglich entspannter, denn uns war bereits bewusst, wie vergleichsweise kurz diese Zeit der intensiven Nähe mit dem Baby ist. Wir hatten bereits die Erfahrung gemacht, dass wieder mehr Zeit und Freiheiten für uns als Paar und für jeden alleine kommen. Das passiert ganz automatisch, einfach weil die Kinder größer und unabhängiger werden. Mit jedem weiteren Baby haben wir versucht, diese kurze, natürlich immer wieder auch sehr anstrengende Zeit einfach gemeinsam intensiv zu genießen. Denn wir wussten mit Sicherheit, dass die Zweisamkeit für uns wiederkehren wird. Zumindest bis dann das nächste Baby bei uns einziehen wird.

Selbstfürsorge – Zeit für mich

Kinder brauchen uns als Eltern – je kleiner sie sind, desto intensiver. Diese hohe und gerade beim ersten Kind den Eltern recht unbekannte Bedürftigkeit kann einen bisweilen ziemlich fordern und gelegentlich auch überfordern. Auf der einen Ebene wird die Mutter körperlich durch das Stillen, Tragen und den häufig unterbrochenen Schlaf gefordert. Aber auch die große emotionale Verantwortung wird sich bisweilen sehr belastend für beide Elternteile anfühlen. Denn selbst dann, wenn man sein Kind nicht unmittelbar gerade an oder bei sich hat, sind die Gedanken doch stets bei ihm. Das gilt vor allem in der Babyzeit. Und so sehr man sich ab und zu eine kleine Auszeit wünscht, so schwer fällt es dann häufig, genau diese zu genießen, wenn sich die Gelegenheit dazu ergibt. Deshalb ist es wichtig, sich keinen Stress zu machen – weder in die eine noch in die andere Richtung.

Gerade für Mütter fühlt es sich nach den vielen Monaten inniger Verbundenheit in der Schwangerschaft womöglich zunächst sogar komisch an, mal eben ohne Baby zum Bäcker zu gehen. Gleichzeitig hört man aber von allen Seiten, wie wichtig es doch ist, auch mal etwas ohne Kind zu machen, um die eigenen Akkus wieder ein bisschen aufzuladen. Was ist denn nun richtig?

Nun, richtig ist vor allem darauf zu hören, was das eigene Gefühl dazu sagt. Zeit ohne Kind kann sich entspannt und wunderbar anfühlen, wenn der Zeitpunkt dafür passt. Sie kann aber auch zusätzlich stressig sein, wenn es eben noch zu früh für eine längere Trennung ist. Für Väter ist das meist weniger ein Problem. Darum sollten beide Partner in dieser Sache nicht von ihrem eigenen Erleben ausgehen, sondern sich anhören, was der andere darüber denkt. Gerade anfangs sind es vor allem die Eltern, die sich gegenseitig kleine Inseln der Erholung schaffen können. Denn meist ist ein Babysitter, sogar wenn es die dem Kind vielleicht schon vertrautere Oma sein würde, noch keine Option. Die meisten Eltern fühlen sich anfangs am wohlsten, wenn der Partner beim Kind ist. Wenn es gleich von Anfang an eine weitere Bezugsperson gibt, die das vollste Vertrauen beider Eltern genießt, so ist das eine wertvolle Ressource. Meist gibt das aber unser heutiges Kleinfamilienkonstrukt nicht her. Auf längere Sicht gesehen, ist es wertvoll und wichtig, wenn Eltern ihre Betreuungsnetzwerke für das Kind erweitern. Ob das andere Familienmitglieder sind, der Patenonkel, Freunde mit und ohne Kinder oder auch eine liebevolle Betreuung in Form eines Babysitters, einer Tagesmutter, eines Au-pairs oder auch im Rahmen der Kita – das ist individuell von den jeweiligen Lebensumständen und Möglichkeiten abhängig. Auch in diesem Punkt

wissen es Außenstehende gerne mal wieder besser als die
Eltern selbst – aber letztlich sind und bleiben Sie als Eltern
die Experten für die Bedürfnisse Ihrer Familie.

Attachment Parenting

Über die Bedürfnisse der Kleinsten gibt es erfreulicherweise
in den letzten Jahren viel zu hören und zu lesen. Längst ist
bekannt, dass ein kleiner Mensch viel mehr braucht als nur
»satt und sauber« zu sein. Körperkontakt, viel Nähe zu Bezugspersonen und die dadurch vermittelte Geborgenheit
sind ganz genauso wichtig. Der Begriff *Attachment Parenting*
wurde von dem amerikanischen Kinderarzt William Sears
und seiner Frau Martha Sears als Synonym für den liebevol-
len und bindungs- und bedürfnisorientierten Umgang mit
dem Kind geprägt. Er beinhaltet mehrere »Bausteine«, die
dies unterstützen.

Langes Stillen, das Tragen in einem Tuch oder in einer Tra-
gehilfe sowie das Familienbett für ein gemeinsames Schlafen
wird von vielen Eltern, die ihre Kinder im Sinne des *Attachment
Parenting* begleiten, befürwortet und gelebt. Allerdings be-
schreibt das Konzept eher eine Haltung zum Kind als konkrete
Handlungen, die ausgeführt werden *müssen*. Kurz gesagt: Es
geht viel weniger um die Frage »Tragetuch oder Kinderwagen«
als darum, wie die Bedürfnisse des Kindes wahrgenommen
werden und wie einfühlsam darauf eingegangen wird. Schnell
wird dabei aber vergessen, dass auch die »Großen« ihre Bedürfnisse haben und auf Dauer unglücklich werden, wenn es
für diese gar keinen Raum mehr gibt. Im Sinne des *Attachment
Parenting* geht es nicht darum, dass Eltern sich permanent aufopfern, sondern dass der Umgang mit dem Kind auch in einer

guten Balance mit den eigenen Bedürfnissen steht. Vieles, was dem Baby guttut, macht auch den Eltern das Leben leichter, das gemeinsame Schlafen bringt etwa meist mehr nächtliche Erholung für alle Beteiligten. Auch betonen die Ehepartner Sears, die selbst Eltern von acht Kindern sind, immer wieder, dass es wichtig ist, auch gut auf sich selbst zu schauen und entsprechend Hilfe einzufordern und anzunehmen. Sehr treffend sagen sie: »Damit Attachment Parenting für die ganze Familie gut ist, müssen zwei Voraussetzungen erfüllt sein:

1. Das Baby braucht zwei miteinander verbundene Eltern.
2. Das Baby braucht eine glückliche, erholte Mutter.«[30] Das gilt natürlich auch jenseits der Babyzeit.

Selbstfürsorge und Fürsorge fürs Baby im Gleichgewicht

Den meisten werdenden Eltern ist wohl klar, dass mit einem kleinen Kind weniger Zeit für Sport oder den gemütlichen Sonntagsbrunch mit Freunden bleibt. Aber darauf, dass man es an manchen Tagen nicht mal schafft, »in Ruhe auf die Toilette zu gehen«, ist vorher wahrscheinlich niemand eingestellt. Oder dass es kaum machbar ist, sich etwas Gutes zu kochen, geschweige denn es in Ruhe zu essen. Mit dem Erfüllen der kindlichen Bedürfnisse leiden nicht selten auch die Grundbedürfnisse der Eltern. Inwieweit das von jedem Einzelnen tolerierbar ist, bleibt individuell unterschiedlich, aber zunächst machen alle Eltern größere Abstriche. Da wir sehen und fühlen, wie groß die Abhängigkeit des Babys von uns ist, sind wir in der Regel auch bereit, das zu tragen und entsprechend zurückzustecken. Trotzdem ist es wichtig, dass sich Eltern (und speziell Mütter) nicht ohne Ende und Vorsicht für ihr Kind aufopfern. Denn dem Kind kann es immer nur so gut gehen, wie es den Eltern geht. Es ist also im Kontext der Selbstfürsorge extrem wichtig, dass Energie und Wohlbefinden vorhanden sind, denn beides ist nicht verhandelbar. Schlafmangel ist bis zu einem gewissen Punkt kompensierbar, aber dieser Punkt kann in der Babyzeit schnell überschritten werden. Das passiert gerade dann, wenn Eltern sich den Druck machen, noch weitere vermeintlich von außen an sie gestellte Anforderungen erfüllen zu müssen. Wenn beispielsweise die aufgeräumte Wohnung mehr Priorität hat als der gemeinsame Mittagsschlaf mit dem Kind, der das nächtliche Defizit ein bisschen lindern könnte.

Die gut gemeinten Ratschläge von außen

Am wenigsten hilfreich sind dann übrigens Menschen, die den Eltern auch noch erzählen, dass sie ja selbst schuld an ihrer Situation seien. Zum Beispiel, weil sie das Baby zu oft auf den Arm nähmen oder es ständig stillten und trügen. Zu einer gesunden Selbstfürsorge gehört es immer auch, sich von Meinungen fernzuhalten, die einem nicht guttun. Dies hat nichts mit mangelnder Kritikfähigkeit zu tun, aber gerade im Kontext Elternschaft, wissen es eben gerne alle anderen besser als die Eltern selbst. Dabei gibt es kein Falsch und Richtig und schon gar keine Patentrezepte, die für alle Kinder und Eltern passen. Wenn man selbst gerade erst dabei ist, seinen Weg mit seinem Kind zu finden, können die vielen gut gemeinten Ratschläge auch ganz schön verunsichern.

Es lohnt sich, von Anfang an zu schauen, wer einem guttut und welche Begegnungen auch im Nachklang mehr Stress und Bauchweh hinterlassen. Denn mit dem Elternwerden wird auch die Zeit für Freunde und Familie ein noch kostbareres Gut, das sinnvoll genutzt werden sollte. Oft hilft es auch, sich einmal klar zu positionieren. Wenn das Gegenüber aber gar nicht aufhört, seine verunsichernden Botschaften zu verbreiten, kann es auch sinnvoll sein, die gemeinsame Zeit auf ein Minimum zu reduzieren, zumindest temporär. Beide Elternteile sollten sich über Konflikte mit Freunden und Familie austauschen, da diese sehr unterschiedlich wahrgenommen werden können. Gerade Mütter sind aufgrund der besonderen hormonellen Situation nach der Geburt besonders sensibel und deutlich angreifbarer als sonst.

Es ist am Ende völlig egal, ob Freunde oder Familie meinen, dass man endlich mal wieder etwas ohne Kind machen soll oder die andere Mutter in der Krabbelgruppe behauptet, dass im ersten Lebensjahr keine längere Trennung vom Baby stattfinden darf. Wichtig ist allein, wie es sich für einen selbst anfühlt. Eine Auszeit muss nicht unbedingt das Wochenende im Wellnesshotel sein. Viele Mütter sind auch mit einer ungestörten Stunde in der Badewanne oder einem Frisörbesuch ohne Baby erst einmal glücklich und schöpfen daraus neue Kraft für den Alltag. Wenn das Bedürfnis nach mehr vorhanden ist, muss man eben sehen, wie das zu organisieren ist. In der Regel sind die Wünsche junger Eltern nach etwas exklusiver Zeit für sich selbst recht überschaubar und damit gut realisierbar. Das Hauptproblem ist meistens loszulassen und sich, dem Partner und dem Kind zuzutrauen, dass das Kind auch durchaus unabhängig von der Mutter gut betreut sein wird. Wenn dieses Gefühl präsent ist, wird die persönliche Auszeit auch eine Zeit zum Genießen. Das Vertrauen darauf ist sicherlich viel entscheidender als die für die mütterliche Abwesenheit abgepumpte Muttermilchmenge.

Zur Selbstfürsorge kann für manche Eltern auch die Berufstätigkeit gehören. Damit soll nicht gesagt sein, dass das Büro
der schönste Urlaubsort ist, aber es kann durchaus sehr er-
holsam sein, eine Tätigkeit außerhalb des Babyuniversums
auszuüben. Denn neben einfachen Dingen wie Schlaf oder
der ruhigen Einnahme einer Mahlzeit brauchen auch Eltern-
köpfe immer wieder andere Themen und neuen Input. Dazu
kann der Beruf oder auch das Ausüben eines Hobbys positiv
beitragen. Eltern sollten also nicht unbedingt sofort denken,
dass der Partner egoistisch ist, wenn er etwas für sich macht,
sondern bedenken, dass es im Sinne der Selbstfürsorge auch
dem Kind und der gesamten Familie guttut. Wichtig sind
natürlich dabei eine gute Balance und vor allem eine ge-
rechte Verteilung zwischen beiden Partnern. Es muss nicht
minutiös abgerechnet werden, wer wie viele Minuten beim
Yoga oder mit dem besten Freund verbracht hat, aber generell sollte es sich ausgewogen anfühlen. In der Regel ist es
sinnvoller, sich auf die Woche verteilt kleine Auszeiten zu
verschaffen, als mehrere Stunden oder gar Tage am Stück zu
planen. Die Wahrscheinlichkeit, dass einer größeren Unternehmung etwas im Wege stehen wird, ist je nach Alter des Kindes
viel höher, als wenn es um kleine aber feine Auszeiten geht.

Und auch als Paar muss die gemeinsame Auszeit nicht unbedingt das romantische Dinner bei Kerzenlicht sein. Wenn
das Kind sich vormittags entspannt von Oma oder Babysitter betreuen lässt, kann ein gemeinsames Frühstück im Lieblingscafé mindestens genauso schön oder noch schöner sein,
weil dann beide Partner vielleicht nicht ganz so müde sind.

Kleine Auszeiten im Familienalltag

- Mit kleinen Auszeiten anfangen: eine halbe Stunde in der Badewanne, ohne Kind zum Frisör, ein Frühstück mit der Freundin.
- Entspannung kann nur einsetzen, wenn man sein Kind gut betreut weiß. Dabei aufs Bauchgefühl hören: Was passt gut?
- Lieber regelmäßige kleine Auszeiten in die Woche einbauen, als seltene größere Events und Trips planen.
- Schlaf und Essen sind für Eltern wichtig. Neuer Input für den Kopf auch. Beruf oder Hobby können diesen geben.
- Auf die eigenen Kräfte achten: Elternsein ist kein Wettbewerb darin, wer am längsten durchhält.
- Je nach Alter des Kindes das Betreuungsnetzwerk nach und nach erweitern.

Elterntagebuch Anja: Nicht nur Mama sein

Die Babyzeiten waren und sind bei allen Kindern immer ganz besondere Lebensphasen für mich gewesen. Sicherlich auch besonders anstrengend, aber eben auch besonders schön. Trotzdem merkte ich immer nach ungefähr einem halben Jahr, dass mir »nur« Mamasein nicht reichte. Durch meine Selbstständigkeit als Hebamme war es mir zum Glück möglich, den beruflichen Wiedereinstieg langsam und autark zu dosieren: Vielleicht einen Kurs in der Woche geben oder wenige einzelne Hausbesuche machen.

Während Christian mit dem Baby im Tuch eine Runde drehte, machte ich zum Beispiel am Samstag eine Stillberatung. Auch wenn ich natürlich beruflich immer mit Eltern und Kindern konfrontiert bin, merkte ich doch immer, dass mir diese kurze »berufliche Auszeit« sehr gut tat. Sich einfach mal eine gewisse Zeit lang auf etwas anderes zu konzentrieren, macht den Kopf wieder frei für die täglichen Herausforderungen des Babyalltags.

Das ganze Haus ein Kinderspielplatz?

In Erwartung des ersten Kindes freut man sich, wenn die ersten Dinge einziehen, die für das Baby gedacht sind. Während man noch in der Schwangerschaft alles liebevoll drapiert, breitet sich schon im Wochenbett ein gemütliches Chaos aus. Gefühlt liegen überall Spucktücher, Stilleinlagen und Babyklamotten herum. Im Babyalter lässt sich das Chaos immer noch ganz gut wegräumen. Sobald die Kinder die Wohnumgebung mitgestalten, sieht es schnell nach einer »Explosion im Spielzeugladen aus«. An manchen Tagen kann man das gut ertragen, an anderen nervt es nur noch. Schnell entsteht in einer mit Spiel- und Kinderzeug »verwüsteten« Wohnung das Gefühl, dass man gar keinen erwachsenen Rückzugsraum mehr für sich selbst hat. Auch der Versuch, im kreativen Kinderchaos erfolgreich im Home-Office zu arbeiten, scheitert fast immer kläglich.

Kinder brauchen sicherlich vor allem in den ersten Jahren nicht zwingend ein Kinderzimmer, zumal sie sich ohnehin am liebsten dort aufhalten, wo ihre Bezugspersonen sind. Es ist aber immer sinnvoll, einen festen Bereich für Spielsachen einzurichten – auch für das Kind bedeutet das eine gewisse Orientierung. Meist lohnt es sich, in mehreren Räumen kleine Spielecken zu haben. So kann das Kind in der Küche den Schrank mit den unkaputtbaren Küchenutensilien ein- und ausräumen, während man es als Mutter oder Vater schafft, etwas Warmes zu essen zu kochen. Oder später kocht das Kleinkind in der eigenen gekauften oder selbst gezimmerten Kinderküche mit, die in der echten Küche deshalb oft viel besser aufgehoben ist als im Kinderzimmer.

Genauso wichtig wie die kindgerechte Wohnumgebung sind aber auch die Wohlfühlecken für die Eltern. Es darf also gerne einen Raum oder eine Ecke geben, die die Eltern weiterhin ganz nach *ihren* Wünschen gestalten. Natürlich sollte das keine Tabuzone fürs Kind werden, aber je nach Alter kann man dem Kind schon klarmachen, dass man dort eben keinen Spiel- und Kinderkram haben möchte bzw. dass dieser dann auch wieder weggeräumt wird. Generell erleichtert eine Umgebung, in der ein Kind nicht ständig mit einem »Nein« beim Erkunden gestoppt werden muss, das Familienleben erheblich. Aber Sie müssen auch nicht alles aufgeben, was Ihnen gefällt. Vielleicht können die Lieblingsbilder, bis das Kind ein gewisses Alter erreicht hat, nicht mehr so entspannt auf dem Boden stehen wie früher, aber auf keinen Fall sollten Sie sich von allem trennen, was Ihnen gefällt, »nur« weil Sie jetzt Eltern sind. Wer sein Bad gerne als persönliche Wellness-Oase nutzt, gestaltet es auch am besten so, dass er vor einem abendlichen Entspannungsbad die Wanne nicht erst von etlichen Booten oder Entchen befreien muss.

Die ideale Familienwohnung ist die, in der sich *alle* wohl fühlen, die darin leben. Je nach Platzangebot hat man da als Familie mehr oder weniger viele Möglichkeiten. Aber die

Option eines kleinen feinen Eltern-Wohlfühlorts lässt sich mit etwas Fantasie eigentlich immer umsetzen. Denn als Eltern verbringt man gerade anfangs plötzlich wesentlich mehr Zeit in den eigenen vier Wänden als zuvor. Den Wohnraum dabei immer wieder den aktuellen Bedürfnissen anzupassen, wird viele Situationen entspannen. Etwas frischer Wind im Haus ist immer förderlich für eine gute Grundstimmung. Und auch wenn eigentlich gar keine Zeit für die Pflege von Blumen bleibt und nicht mal der regelmäßige Wasserwechsel klappt, kaufen Sie sich trotzdem und gerade deshalb einen Strauß Blumen, wenn Sie der Anblick gerade glücklich macht. Alles das, was zum persönlichen Wohlbefinden beiträgt, tut letztlich immer der ganzen Familie gut.

Mit steigender Kinderzahl wird natürlich auch der Platzbedarf höher. Nicht immer ist jedoch ein Umzug möglich oder gewollt. Von anderen Familien mit kleinen Wohnungen oder mehreren Kindern kann man sich viele Ideen abschauen, mit denen diese den vorhandenen Raum optimal nutzen. Auch im Internet finden sich zahlreiche Inspirationen. Denken Sie also daran, den Nestbau nicht nur auf ein wunderschön gestaltetes Kinderzimmer zu beschränken, in dem das Kind gerade anfangs wahrscheinlich ohnehin kaum sein wird. Machen Sie es *sich als Familie* schön und schaffen Sie sich gemeinsam ein Zuhause, in dem sich alle gerne aufhalten.

Wir sind ein Team

Mit einem Kind beginnt wohl das größte »Projekt« im Leben eines Paares. Auch wenn sich der Familienalltag nicht mit beruflichen Aufgaben vergleichen lässt, so gibt es doch einige Dinge, die man sinnvoll übertragen kann. Die meisten gelungenen Projekte werden nicht durch Einzelkämpfer erfolgreich, sondern sind von einem ganzen Team getragen. Also durch Menschen, die ihre verschiedenen Fähigkeiten mit Leidenschaft und Liebe in eine Sache einbringen. Die Liebe zu etwas und vor allem zu jemandem ist ein starker Motor. Deshalb wachsen auch Eltern phasenweise immer wieder über sich hinaus – eben weil sie ihr Kind lieben. Aber die Liebe zum Partner sollte dabei nicht in Vergessenheit geraten, denn sie ist die Hauptmotivation für die Paarbeziehung und vielfach der Grund dafür, weshalb das Baby überhaupt durchs eigene Leben krabbelt. Und im besten Fall baut diese Liebe ein stabiles Fundament, das auch in schwierigeren Zeiten eine sichere Basis ist. Neben dem Elternsein ist es immer wieder wichtig, sich zwischendurch klarzumachen, was man am anderen so schätzt und warum man mit jemandem zusammen sein möchte. Den Partner als Mutter oder Vater zu erleben, ist ein neuer und meist sehr intensiv berührender Aspekt. Die Stärke seiner Partnerin bei der Geburt zu erleben, die Freudentränen des Partners nach der Geburt, das erste gemeinsame Bad mit dem Baby, die berührende Innigkeit beim Stillen oder einfach seinem Partner und seinem Baby nur beim Schlafen zuzusehen – es sind diese wichtigen, kleinen Momente der Begegnung, die die Bindung zum Kind, aber auch die der Partner untereinander für die Familie als Ganzes stärken. Nehmen Sie diese Dinge bewusst wahr und schätzen sie deren Wert. Dem ist immer wieder eine höhere Bedeutung beizumessen, als einem nicht abgeräumten Frühstückstisch oder einem Wäscheberg.

Den Fokus auf die positiven Dinge zu richten, ist so wichtig und wird automatisch mehr Positives nach sich ziehen.

Selbst an sehr chaotischen Tagen gibt es letztlich immer genug Gründe, dankbar zu ein. Wenn der eine Partner diese
Gründe vielleicht vor lauter Müdigkeit gerade nicht sehen
kann, ist es schön, wenn der andere ihn sensibel daran erinnert. Als Team zusammenzuarbeiten heißt auch zu erkennen,
wenn der andere vielleicht gerade nicht gut für sich selbst sorgen kann oder mit einer Situation überfordert ist. Nur selten
sind beide Eltern gleichermaßen völlig erschöpft, sodass fast
immer zumindest einer phasenweise etwas mehr Arbeit übernehmen kann. Aber dafür ist es wichtig, die Grundeinstellung
zu verinnerlichen, dass »wir das hier zusammen machen«,
weil jeder Einzelne es sich sonst selbst schnell als eigenes Versagen auslegen würde. Niemand muss sich als Einzelkämpfer
fühlen, niemand als Versager – am besten geht es gemeinsam.

Im Familienalltag bewähren sich ähnlich wie in der Ar-
beitswelt »kurze Wege«. Das heißt, dass jeder Partner möglichst klar kommunizieren sollte, was gerade gebraucht wird,
und nicht abwartet, ob der Teampartner von alleine darauf
kommt, was akut dringend erforderlich sein könnte. Vor
allem Mütter haben nicht selten die Erwartungshaltung, dass
der Partner doch sehen und von alleine realisieren müsste,
wie viel gerade geleistet wird und welche Unterstützung notwendig wäre. Nur ist das eher selten der Fall, was den Frust
auf der einen Seite verstärkt, ohne dass die andere weiß,
warum das so ist und worum es konkret überhaupt geht.

In dem Moment, in dem ein Paar ein Kind bekommt,
wächst noch einmal die Verantwortung füreinander. Auch
die dafür, dass es dem anderen gut geht. Das ist offensicht-
lich. Ehrliche Fragen, auf die ehrlich geantwortet werden
kann, sind hier immer sehr hilfreich. Die Elternschaft ist kein
Wettbewerb darin, wer belastungsfähiger ist oder wer als ers-

ter vor Erschöpfung umkippen darf. Eltern tragen eine hohe
Verantwortung für das Kind, aber auch dafür, dass sich alle
Familienmitglieder einschließlich ihrer selbst wohl fühlen. So
können alle dazu gehörigen Höhen und Tiefen gemeinsam
gemeistert werden, denn zusammen ist man einfach stärker.
Und so wird das »Projekt Kind« erfolgreich sein.

Das Paar von früher nicht vergessen

Gerade in der ersten Zeit als Eltern ist und bleibt das Kind
oft das Hauptthema. Denken Sie aber auch daran, sich
selbst und den anderen nicht nur immer als Mutter oder
Vater wahrzunehmen. Erinnern Sie sich gemeinsam auch an
Ihre Zeiten, *bevor* Sie Eltern wurden.

• Sehen Sie sich alte Fotos an. Vielleicht gibt es ja auch noch
aufgehobene Liebesbriefe oder andere Erinnerungen?

• Hören Sie gemeinsam Musik, die Ihnen »früher« gefallen
hat. Dadurch stellen sich schnell Erinnerungen und damit
verbundene gute Gefühle ein.

• Besuchen Sie Orte, an denen Sie zusammen vor Ihrer
Elternschaft waren. Zeigen Sie diese Ihren Kindern und
erzählen Sie ihnen »von damals«.

• Erinnern Sie sich immer wieder daran, was Sie an Ihrem
Partner besonders schön oder anziehend fanden, als Sie
sich damals ineinander verliebt haben. Vieles davon ist weiter existent, geht aber im Familienalltag leicht unter. Achten Sie mal wieder bewusst darauf und sagen Sie natürlich
gerne Ihrem Partner, was Ihnen an ihm gefällt – alte und
neue Dinge. Komplimente tun immer gut.

Gemeinsam Eltern bleiben trotz Trennung

Die Idee dieses Buches ist natürlich, dass Sie möglichst gut
als Paar mit den neuen Herausforderungen als Eltern zu-
rechtkommen und Ihre Beziehung dabei nicht auf der Strecke bleibt. Doch wir sind realistisch genug zu sehen, dass
sämtliche Bücher, Hilfen oder zur Unterstützung hinzugezogene Experten nicht verhindern werden, dass manchmal
ein Paar auch trotz gemeinsamer Kinder nicht für immer zu-
sammenbleiben wird. Möglicherweise stand eine Trennung
bereits vor der gemeinsamen Elternschaft im Raum. Manche
Paare stellen vielleicht im Zuge der Elternschaft fest, dass
Liebe und Gemeinsamkeiten nicht ausreichend sind für ein
glückliches Familienleben. Und manchmal ist auch ein neuer
Partner der Trennungsgrund. Dies macht es fast immer am
schwierigsten, weil der andere sich dadurch besonders ver-
letzt und zurückgewiesen fühlt.

Die anstrengende Zeit als frisch gebackene Eltern macht es
manchen Menschen »leicht«, sich für andere potenzielle Partner zu begeistern. Wenn einem das Leben zu Hause gerade
chaotisch und »unsexy« vorkommt, fühlt man sich schneller
mal zu jemandem hingezogen, der all diese Sorgen und Probleme gerade nicht hat. Es kann also auch eher die Sehnsucht
»nach dem alten Leben« sein als die nach einem neuen Partner.

Auch die nach der Geburt veränderte Sexualität (Seite
107 f.) kann Auslöser dafür sein, sich zu anderen Partnern
hingezogen zu fühlen und eventuell auch fremdzugehen.
Eine Studie aus dem Jahre 2005 ergab, dass sexuelle Unzufriedenheit in der Partnerschaft die häufigste Ursache
für einen Seitensprung sei. Für 76 Prozent der Männer und

84 Prozent der Frauen sind Defizite im Sexualleben der Hauptgrund fürs Fremdgehen. [31] Nach der Geburt ist der Frust über die Diskrepanz im sexuellen Verlangen in der Regel bei den Vätern stärker ausgeprägt, weshalb sie in dieser Lebensphase oder schon während der Schwangerschaft deutlich häufiger fremdgehen. Gleichzeitig ist der entdeckte Seitensprung für die Frau zu diesem sensiblen Zeitpunkt besonders verletzend. In der Zeit vor und nach der Geburt ist es besonders den Frauen sehr wichtig, ihrem Partner zu vertrauen und sich fallen lassen zu können. Fremdgehen zerstört das Vertrauen in den Partner nachhaltig. Ob und wie Paare mit so einer Situation umgehen können und wie belastbar die Paarbeziehung ist, lässt sich nicht pauschalisieren. Sicherlich braucht es viel Zeit und viele klärende Gespräche. Zu der Trauer um die belastete Beziehung kommt oft die Wut auf den betrügenden Partner hinzu. Somit wird es immer schwieriger, bereits bestehende Konflikte klären und einander eventuell verzeihen zu können. Wenn Paare diese Konflikte klären wollen, muss ihnen klar sein, dass sich die Vergangenheit nicht mehr ändern, aber die gemeinsame Zukunft neu gestalten lässt. Und manchmal kommt man auch zu der Erkenntnis, dass die gemeinsame Zukunft keine Perspektive ist.

Die Gründe, weshalb sich Paare wieder trennen sind so vielfältig und individuell verschieden, wie jeder Mensch selbst es auch ist. Davor »schützt« auch ein gemeinsames Kind nicht. Das Ende einer Beziehung ist dabei meist für beide Partner sehr belastend. Aber als Eltern betrifft eine Trennung natürlich nicht mehr »nur« noch die eigene Lebenssituation. Auch das Kind ist unmittelbar betroffen. Die Auswirkungen werden von Expertenseite sehr unterschiedlich eingeschätzt, was sicherlich auch damit zusammenhängt, dass die der Trennung vorausgehenden Faktoren überall unterschiedlich aussehen. Trennung ist nie gleich Trennung. Ihr voraus geht immer eine konfliktbelastete Zeit, die unterschiedlich lang und intensiv vom Kind erlebt wird. Manchen Eltern gelingt es schlechter, manchen besser damit umzugehen. Belastete Beziehungen gibt es mit und ohne Trennungen und Scheidungen. Manchmal kann die Trennung sogar zunächst eine Verbesserung der Situation bewirken, weil tägliche Kleinkriege und Machtkämpfe der Eltern wegfallen.

Statistisch sind Scheidungen mehr oder weniger alltäglich. Bei der Hälfte aller Scheidungen haben Paare minderjährige Kinder. 40% der Trennungen finden im ersten Jahr nach der Geburt statt.[32] Ohne Trauschein ist das Trennungsrisiko wahrscheinlich noch höher, was aber auch durchaus an den mit einer Scheidung verbundenen bürokratischen Hürden liegen kann. Wie viele Paare zusammenlebend ein Kind bekommen und sich später trennen, ist statistisch nicht erfasst. Trotz wahrscheinlich hoher Zahlen in diesem Bereich ist es für die einzelne Familie eben keine alltägliche Sache. Und: Diese Zeit ist insgesamt von vielen Emotionen begleitet, die alle Familienmitglieder gleichermaßen belasten.

Mit der Trennung ist die gemeinsame Elternschaft nicht vorbei. Es ist und bleibt eine Herausforderung, einen gemeinsamen Weg als Eltern zu finden, zeitgleich aber auch Strategien, mit der eigenen Enttäuschung und dem Schmerz umzugehen. Anders als bei kinderlosen Paaren ist kein kompletter Rückzug vom ehemaligen Partner möglich, denn der Alltag des Kindes betrifft beide Eltern. Sie müssen weiter für ihr Kind da und stark sein, darum sind sie emotional besonders gefordert und haben oft wenig Spielraum für die eigenen verletzten Gefühle.

Wie geht es den Kindern?

Bei einer Trennung bricht für viele Kinder eine Welt zusammen, natürlich abhängig vom Alter und der vorherigen familiären Lebenssituation stärker oder zunächst weniger wahrnehmbarer. Trauer, Verlustängste und Rückzug sind häufig zu beobachtende Reaktionen. Selbst bereits erwachsene Kinder erleben die Trennung der Eltern als belastend, auch wenn sie rational die möglichen Gründe dafür viel besser verstehen und einordnen können, als kleinere Kinder dies können. Manche Studien besagen, dass die Trennung der Eltern bis ins Erwachsenenalter hinein Spuren hinterlassen kann, die sich dann in Schuldgefühlen und Schwierigkeiten bei der Gestaltung eigener Beziehungen äußern können.[33] Letztlich ist es aber wahrscheinlich vor allem eine Frage der Belastung vor und der Alltagsgestaltung nach der Trennung. Auch wenn sich die Bindung zwischen Mutter und Vater verändert hat, sollte die des Kindes zum jeweiligen Elternteil unbeeinträchtigt bleiben. Das setzt voraus, dass Eltern ihre Konflikte sachlich und respektvoll miteinander klären können und nicht ein Elternteil den anderen abwertet. Aber das ist leichter gesagt (oder in diesem Fall geschrieben) als getan. Darum ist für viele Eltern auch die externe Unterstützung zum Beispiel durch einen Mediator eine wertvolle Hilfe.

Die größte Angst der Kinder ist es, einen oder beide Elternteile zu verlieren. Es ist die größte Aufgabe für die getrennten Eltern, dem Kind die Sicherheit zu geben, dass weiter beide Elternteile gemeinsam da sein werden. Die Autorin Karin Jäckel hat treffend zwanzig Punkte formuliert, um die ein Kind nach der Trennung der Eltern bittet. Zwei von ihr genannte Punkte spiegeln präzise das in Kindern verankerte Bedürfnis nach Harmonie und Beständigkeit wider:

»Vergesst nie: Ich bin das Kind von euch beiden. Wenn ihr euch trennen wollt, ist das eure Sache. Ich liebe euch beide. Darum will ich mich nicht von euch trennen und keinen von euch verlieren. Bitte sorgt dafür, dass ich immer zu meiner Mutter und zu meinem Vater nach Hause kommen kann.«

»Lasst möglichst viel in meinem Leben so, wie es vor eurer Trennung war. Das fängt bei meinem Kinderzimmer an und hört bei kleinen Dingen auf, die ich mit euch gemeinsam oder ganz allein mit meinem Vater oder meiner Mutter gemacht habe. Es sind kostbare Erinnerungen für mich und helfen mir, meine neue Familiensituation zu verkraften.«[34]

Welche Auswirkungen die Trennung der Eltern auf ein Kind hat, hängt also ganz maßgeblich auch von ihrem Miteinander vor und nach diesem Prozess ab. Die Idee, mit einer Scheidung oder Trennung Konflikten aus dem Weg gehen zu können, wird wahrscheinlich eher nicht funktionieren. Egal, ob Eltern den Lebensweg miteinander oder getrennte Wege gehen, so müssen sie doch einen gemeinsamen und respektvollen Weg finden, miteinander umzugehen. Denn für das gemeinsame Kind werden sie ein Leben lang die Eltern und damit *beide* sehr wichtige Menschen bleiben.

Literatur

Mathias Voelchert: Zum Frieden braucht es zwei, zum Krieg reicht einer. Wie Paare Konflikte in Liebe lösen, Kösel-Verlag 2016.
Mathias Voelchert: Trennung in Liebe ... damit Freundschaft bleibt, Kösel-Verlag 2006.
Remo H. Largo / Monika Czernin: Glückliche Scheidungskinder. Was Kinder nach der Trennung brauchen, Piper-Verlag 2015.
Ramona Jakob: Wenn der Traum von Familie platzt. Ein Mutmachbuch bei Trennung und Scheidung, Kösel-Verlag 2012.

Kapitel 4:
Kindererziehung
gemeinsam meistern

Eine gemeinsame Erziehungsidee entwickeln

Kinder kommen mit allerlei Bedürfnissen auf die Welt, das dürfte mittlerweile klar sein. Und die Verliebtheit ins eigene Kind sowie die hormonelle Situation nach der Geburt sorgen dafür, dass wir sie als Eltern erfüllen möchten. Gerade am Anfang ist es noch recht überschaubar, was so ein Baby benötigt. Neben Nahrung und viel Nähe sind eine feste Bindung zu den engen Bezugspersonen und die damit verbundene Geborgenheit elementar. Der kleine Mensch ist noch komplett auf die Hilfe seiner Eltern in allen Bereichen angewiesen, sei es nun bei der Nahrungsaufnahme oder der Fortbewegung. Ohne große, sich kümmernde Menschen wäre das Baby komplett hilflos. Im ersten Lebensjahr wächst es nicht nur rasant, sondern erlernt allerlei Fähigkeiten, die seine Selbstständigkeit fördern. Aus dem anfangs hilflosen kleinen Menschenkind wird mehr und mehr eine autonome Persönlichkeit. Spätestens dann stellen sich viele Eltern die Frage, ob sie jetzt mit dem »Erziehen anfangen« müssen. Meistens jedoch schon früher.

Bereits vor der Geburt machen sich nicht wenige werdende Eltern Gedanken, wie sie mit ihrem Kind umgehen möchten und welche Werte sie ihm mitgeben wollen. Nach der Geburt müssen diese Gedanken und Ideen dann mit der Realität abgeglichen werden. Das reale Kind im Arm verändert oft sehr viele der vorher geschmiedeten Pläne. Viele Paare sagen vor der Geburt mit großer Überzeugung, dass das Baby primär in seinem eigenen Bettchen schlafen wird. Nach der Geburt wird das »eigene Bettchen« dann doch schnell zur Ablage für Wäsche oder Bücher, während das Kind selig im Nahbereich seiner Eltern schlummert. Diese Änderungen der ursprünglichen Pläne zeigen aber nicht das Versagen oder gar eine Inkompetenz der Eltern auf, sondern illustrieren perfekt die für das Elternsein an vielen Punkten immer wieder erforderliche Flexibilität. Es beruhigt Menschen, vorab einen groben Plan zu haben. Aber es ist überhaupt nicht schlimm, wenn dann in der Realität später ein anderer viel besser passt. Die Herausforderung wird auch hier immer wieder sein, dass es, wenn die Vorstellungen beider Partner voneinander abweichen, nötig ist, einen gemeinsamen Konsens zu finden. Das ist nicht immer ganz einfach. Denn wir alle sind geprägt von eigenen Kindheitserfahrungen, aber auch Rollenvorbildern aus der Familie und dem Freundeskreis. Auch die mediale Darstellung von Familie kann von außen beeinflussen. Themen wie Stillen oder das Familienbett, aber auch vermeintliches Verwöhnen sind in nicht wenigen Familien große Diskussionspunkte. Natürlich haben beide Eltern ein Mitspracherecht, und es tut der familiären Stimmung nicht gut, wenn die Meinung eines Elternteils komplett übergangen wird.

Der beste Lehrmeister allerdings ist das Kind, das uns auf seine Weise zeigt, was es gerade braucht. Doch im Alltagstrubel zwischen Schlafmangel und den häuslichen sowie beruflichen Verpflichtungen kommt das Hören auf Kind und Bauchgefühl leider schnell zu kurz. Und gerade in anstrengenden Elternphasen sind wir wohl alle schnell mal von Selbstzweifeln geplagt. Müsste das Kind nicht längst länger in der Nacht schlafen? Warum essen alle anderen Kinder schon fleißig Beikost, während das eigene fast ausschließlich gestillt werden möchte? Ist es unsere Schuld, dass das Kleinkind so schüchtern ist oder andere Kinder im Sandkasten haut? Gründe, an seinen eigenen »Erziehungskonzepten« zu zweifeln, gibt es jedenfalls genug. Zudem hören Eltern von außen oft viel mehr Kritik als Lob und Zustimmung für ihr Tun. Also ist es fast ein bisschen logisch, dass man nach »Patentrezepten« im Umgang mit seinem Kind sucht. Doch schon der deutsche Pädagoge Friedrich Wilhelm August Fröbel (1782–1852) sagte sehr treffend: »Erziehung ist Beispiel und Liebe – sonst nichts.«

Flexibel bleiben

Es lohnt sich immer wieder, als Eltern vor allem darauf zu schauen, wie man sich selbst verhält und wie der Umgang untereinander ist. Sobald die Kinder ein bisschen größer sind, spiegeln sie ohnehin schnell wider, was vielleicht nicht so rund läuft in der Familie oder zwischen den Eltern. Natürlich haben wir alle am liebsten ein möglichst positives Bild von uns, aber die unmittelbare Rückmeldung des Kindes kann eine große Chance sein, sich selbst positiv weiterzuentwickeln. Mit dem eigenen Kind werden das bisherige Weltbild und die persönlichen Werte auf den Prüfstand gestellt. Nahezu nie wieder sind Menschen derart bereit, über ihr Tun nachzudenken oder ihr Verhalten zu verändern, als in der Phase, wenn sie Kinder bekommen bzw. gerade bekommen haben. Dieser Prozess setzt sich meist schon in der Schwangerschaft in Gang, in der auf Genussmittel verzichtet und plötzlich zum Beispiel viel Wert auf eine gesunde

Ernährung gelegt wird. Viele Väter ziehen mit, obwohl sie ja zunächst gar nicht unmittelbar »betroffen« sind. Aber alle Eltern wollen das Beste für ihr Kind, und sie wünschen sich eine gute Zukunft. Aspekte wie Umweltschutz und Nachhaltigkeit rücken auf einmal in den Vordergrund. Der Kauf von Bio-Lebensmitteln wird nicht nur für die eigene Gesundheit, sondern auch für den Schutz des Planeten plötzlich wichtiger. Eltern sind nicht immer zum selben Moment am selben Punkt, darum ist es wichtig, sich regelmäßig über möglichst alle Themen auszutauschen. Oft ist es schwierig, wenn der eine Partner den »ultimativen Erziehungsratgeber« gelesen hat und sofort alles in die Praxis umsetzen möchte, während der andere die bisherige Situation eigentlich ganz okay fand. Die eigene Elternschaft findet immer auch ein bisschen auf einem pädagogischen Experimentierfeld statt. Zum Glück sind Kinder in der Regel so robust, dass sie uns unsere dabei gemachten »Fehler« nachsehen werden. Wirklich anstrengend wird es für sie, wenn die Themen zu dauerhaften Streitpunkten in der Familie werden. Eltern müssen nicht von allen Dingen gleich überzeugt sein, es sollte aber ein gewisser Grundkonsens gegeben sein und vor allem auch ein generell gutes Gefühl dabei, wie der Partner mit dem Kind umgeht.

Es ist sinnvoll, regelmäßig Bilanz zu ziehen oder in – beziehungsweise nach – stressigen Situationen zu besprechen, ob die jeweiligen Vorstellungen gerade zu weit auseinander driften. Manchmal ist eine Situation so festgefahren, dass es eine dritte unabhängige Person braucht, die das Ganze gemeinsam mit den Eltern wieder »sortiert«. Das kann im Wochenbett die Hebamme sein, später die Beraterin im Familienzentrum oder auch die Pädagogin in der Erziehungsberatungsstelle. Es gibt einige Beratungsoptionen für Eltern. Viele Angebote davon

sind kostenfrei nutzbar. Familienbildungsstätten oder Jugend-
ämter haben meist Ansprechpartner auf ihren Internetseiten
aufgelistet. Auch die Erzieher in der Kita verfügen in der Regel
über gute Kontakte, die sie weitergeben können.

Manchmal geht es bei den Konflikten rund um die Erziehung gar nicht um das Kind selbst, sondern der Streit ist nur
ein Ausdruck für die aus der Balance geratene Situation in
der Familie. Die Ablehnung des Familienbettes kann zum
Beispiel bedeuten, dass der Partner sich vor allem zurück-
gesetzt fühlt, als dass er sich wirklich Sorgen darüber macht,
dass das Kind zu sehr »verwöhnt« wird. Es gilt also wie auch
schon im Kontext der Gewaltfreien Kommunikation (Seite 77
und 81f.) genau hinzuschauen, was man sieht und hört und
was das eigentliche Bedürfnis dahinter ist.

Elterntagebuch Christian: Elternsein theoretisch und praktisch

Als »Hebammenmann« hatte ich es nicht immer ganz
leicht, eigene Ideen mit in unseren Familienalltag einzubringen, denn bedingt durch ihren Beruf hatte Anja zu
vielen Themen bereits eine eigene, sehr konkrete Vorstellung. Dass vieles aber nicht theoretisch, sondern aus
der Praxis heraus entschieden werden muss, lernten wir
beide auch erst nach der Geburt unseres ersten Kindes.

Wie wohl viele Väter hatte ich nie ein so großes Bedürfnis, zahllose Bücher oder Artikel zu einem Thema
zu lesen, wie es Anja getan hat und weiter praktiziert.

Aber ich war natürlich auch immer daran interessiert, ihre Beweggründe zu kennen und die Motivationen zu verstehen. Also habe ich sie gebeten, mir konkrete Leseempfehlungen zu geben oder in Büchern und Artikeln wichtige Passagen zu markieren. Diese »Zusammenfassungen« waren für uns immer eine gute Gesprächsgrundlage, auf deren Basis wir dann letztlich unseren ganz eigenen Weg als Familie gefunden haben. Mir persönlich war es ebenso wichtig – oder vielleicht sogar noch wichtiger – auch immer den Austausch mit anderen, meist schon erfahreneren Freunden mit Kindern zu suchen. So bekommt man noch mal ganz neuen und lebensnahen Input in Sachen Elternsein. Und es hilft vor allem auch, wenn man sich mit den eigenen Diskussionen immer nur im Kreis dreht und auf diesem Weg zu keiner Lösung kommt. Theorie schadet auf keinen Fall, aber letztlich lernt man das Elternsein am besten von und mit seinen Kindern in der Praxis.

Es braucht ein ganzes Dorf, um ein Kind zu erziehen

Ganz im Alleingang sind das Versorgen eines Babys und die Erziehung eines Kindes tatsächlich schwierig. Doch selbst als Paar kommt man dabei immer wieder an seine Grenzen. Darum muss schnellstmöglich eine erweiterte Familie her, ein Netzwerk aus vertrauten Personen, aus Freunden und lieben Familienmitgliedern. Denn ein altes afrikanisches Sprichwort sagt ganz richtig: »Um ein Kind zu erziehen, braucht es ein ganzes Dorf«. Allerdings ist nicht jeder im Dorf immer nett, will aber trotzdem bei der Erziehung mitmischen. Es gibt die »böse« oder zumindest nervige Schwiegermutter ebenso wie liebevolle und zugewandte Großeltern. Eltern müssen also auch lernen, sich abzugrenzen. Sie müssen erwachsene, klare Ansagen machen und sich aktiv Hilfe suchen. Manchmal wird einem auch erst im Kontext der eigenen Elternschaft bewusst, dass es hier vielleicht doch noch ein eigenes kleines oder größeres Abnabelungsproblem mit den eigenen Eltern gibt.

Eigentlich passt es zeitlich so gar nicht, sich jetzt auch noch mit diesen Dingen auseinanderzusetzen, aber Probleme sind nun mal da, wenn sie auftauchen. Nicht alles lässt sich von heute auf morgen klären, aber es wird dann und wann erforderlich sein, klar Stellung zu beziehen. Gerade Konflikte mit den eigenen Eltern dringen auch gerne in die Paarbeziehung ein. Besonders die Mütter sind nach der Geburt sensibel in Bezug auf vermeintliche schlaue Ratschläge oder ein als übergriffig empfundenes Verhalten in Bezug auf das Baby durch die Verwandtschaft. Gleichzeitig fühlen sie sich aber nicht stark genug, diese Konflikte selbst auszutragen, weshalb sie vom Partner oft erwarten, dass er das Ganze moderiert. Und tatsächlich hat es sich bewährt, wenn Ansagen an die Familie in Bezug auf Besuchshäufigkeit und -dauer oder Erziehungstipps von ihm getätigt werden. Eleganter ist es natürlich immer zu sagen, was man sich als frisch gebackene Familie wünscht als andere bezüglich ihres Verhaltens vor den Kopf zu stoßen. Die Gewaltfreie Kommunikation funktioniert natürlich nicht nur mit dem Partner, sondern ist in allen etwas konfliktträchtigeren Situationen hilfreich. Wenn sich Probleme nicht gut klären lassen, kann es manchmal auch sinnvoll sein, die gemeinsamen Zeiten zu reduzieren. An erster Stelle sollte immer stehen, dass die neue kleine Familie erst einmal genug Zeit und Raum hat, sich selbst zu finden. Es geht nicht darum, es anderen recht zu machen.

Wer kann wie unterstützen?

Aber Unterstützer sind natürlich eine wichtige Ressource. Diese müssen aber nicht zwangsläufig aus der eigenen Familie kommen. Freunde und Paten sind oft entspanntere Helfer. Vielleicht bringen sie etwas zu essen vorbei oder schaukeln das Baby, während man in Ruhe duschen geht. Oft sind es diese Kleinigkeiten, die den Alltag leichter machen. Neben praktischer Hilfe ist auch der gute Zuspruch für Eltern unerlässlich. Idealerweise hat oder findet man Freunde, die ähnlich ticken wie man selbst und die Freuden und Sorgen der Elternschaft verstehen. Gerade beim ersten Kind muss man sich diesen passenden Freundeskreis erst aufbauen. Manchmal ergibt sich dies aus einem gemeinsamen Kursbesuch zum Beispiel für die Geburtsvorbereitung. Es gibt zudem durchaus das eine oder andere Online-Angebot – sei es die passende Facebook-Gruppe, eine Babyforum-Community oder Eltern-Blogs, die hilfreich sind. Denn das Bedürfnis nach Austausch ist in der Regel bei allen Eltern groß. Aber Obacht: Da es gerade in der Anonymität des Internets schnell zu Verurteilungen oder gar Beleidigungen kommen kann, sollte man immer gut darauf achten, wie es einem wirklich in diesen Gruppen geht. Denn seinen individuellen Weg mit Kind sollte man auch an dieser Stelle nicht noch verteidigen müssen. Oft ist es jedoch schön, sich mit Gleichgesinnten im Netz auszutauschen – und vielleicht wird ja aus der Online-Bekanntschaft auch eine Offline-Freundschaft. Zum Kontakte knüpfen bieten sich auch Babykurse aller Art an. Viele Eltern besuchen diese weniger aus »Gründen der pädagogischen Frühförderung«, als aus dem Bedürfnis heraus, andere Menschen in einer sehr ähnlichen Lebenssituation kennenzulernen. Der Besuch eines Spielplatzes oder Kindercafés eignet sich dafür natürlich genauso gut. Eltern brauchen auf jeden Fall auch andere Eltern.

Für viele Eltern umfasst das Unterstützungsnetzwerk auch die »professionellen Helfer rund um das Kind«. Das können die Nanny, die Tagesmutter oder auch die Erzieher aus der Kita sein. Viele Familien würden ohne diese Menschen ihren Alltag mit Kind gar nicht bewerkstelligen können. Doch diese Menschen sind nicht nur Dienstleister rund ums Kind, sondern gehören im besten Fall emotional mit zur erweiterten Familie. Eine entspannte Abwesenheit vom eigenen Kind ist nämlich nur möglich, wenn das Gefühl präsent ist, dass es in dieser Zeit wirklich gut betreut ist. Persönliche Sympathie spielt da eine große Rolle, und das eigene Bauchgefühl sollte trotz knapper Betreuungsplätze niemals einfach übergangen werden. Nicht nur das Kind, sondern auch die Eltern müssen eine Bindung zu der Person aufbauen, die sie bei der Betreuung unterstützt. Dies braucht einfach einige Zeit und vor allem genug Personal. Das ist besonders wichtig, wenn das Kind noch sehr klein ist und vor allem die Bezugsperson und weniger die anderen Kinder in der Kita von großer Bedeutung sind.

Darüber, wann der richtige Zeitpunkt für eine Betreuung durch andere Bezugspersonen ist, lässt sich vortrefflich und lange streiten. Da gibt es die einen, die ihr Kind möglichst lange ausschließlich selbst begleiten möchten oder andere, die sagen, dass eine Kita dem Kind »mehr biete«. Manchmal sind es auch einfach die Umstände, die vorgeben, wie sich

Eltern diesbezüglich entscheiden müssen. Wer in der Welt da draußen eventuell schon genug Kritik für seine Entscheidung einstecken muss, sollte umso mehr Wert darauf legen, sich als Paar einig darüber zu sein, den individuell passenden Weg gefunden zu haben. Oder gegebenenfalls etwas daran zu ändern, wenn es sich nicht passend anfühlt. Oftmals fühlen sich vor der Geburt getroffene Entscheidungen bezüglich der Kinderbetreuung danach plötzlich nicht mehr passend an. Dies darf nicht einfach ignoriert werden, sondern es muss gemeinsam überlegt werden, welchen Plan B und C es auch noch geben könnte. Hier sind die guten alten Pro- und Kontra-Listen hilfreich, ebenso wie das Gespräch mit guten Freunden, die bereits schon einmal vor ähnlichen Entscheidungen standen.

Unterstützer sind wichtig und unabdingbar für Eltern, aber es sollten die richtigen sein, nämlich Menschen, in deren Gegenwart sich das Kind, aber auch man selbst wohl fühlt und die den individuellen Weg einer jeden Familie akzeptieren und gerne begleiten.

Elterntagebuch Christian: Wir waren die ersten im Freundeskreis

Als wir mit Ende zwanzig unser erstes Kind erwarteten, waren wir die ersten Eltern in unserem Freundeskreis, zumindest in dem unmittelbaren Freundeskreis vor Ort in Berlin. Die meisten waren gerade mit ihren beruflichen Plänen vollauf beschäftigt, und auch die Wochenend- und Freizeitgestaltung war nicht auf ein

Familienleben mit Kindern ausgelegt. Die Schnittmengen nach der Geburt waren also schnell relativ klein, auch wenn sich alle mit uns über den Nachwuchs freuten. Es war manchmal ein bisschen schmerzhaft zu sehen, dass man sich streckenweise mit besten Freunden doch ganz schön auseinanderlebte. Aber durch das Elternsein kamen viele neue wunderbare Menschen in unser Leben. Und die wirklich guten Freundschaften haben das Kinderkriegen ausgehalten und überstanden, auch wenn es phasenweise einfach alltagsbedingt weniger Kontakt gab. Als die damals kinderlosen Freunde selbst Eltern wurden, verstanden sie oft besser, warum wir bei manchen Sachen nicht mehr dabei sein konnten oder einfach nicht wollten. Trotzdem war und ist der regelmäßige Austausch gerade mit Freunden ohne Kinder absolut wertvoll, weil es sich unter Eltern schnell nur um die Kinderthemen dreht.

Aus dem Gröbsten raus

Und dann, ganz plötzlich, ist das Baby groß. Klar, das stimmt natürlich nicht, aber ein bisschen Wahrheit wohnt dem Satz schon inne. Ab welchem Alter man das als Eltern in dieser Weise wahrnimmt, variiert natürlich ein bisschen. Wird ab dann alles einfach? *Nein!* Kinder sind und bleiben eine (wunderbare) Herausforderung. Eltern bleibt man ein Leben lang. Fast alles im Leben eines Kindes ist »irgendeine Phase«, sodass es andauernd neue Themen gibt und eigentlich nie diesen Moment des »Alles ist perfekt!«, den man sich vielleicht manchmal so gerne herbeiwünscht. Erfahrene Eltern sagen oft: »Es wird nicht einfacher, nur anders.« Aber letztlich ist vieles nur eine Frage der Wahrnehmung.

Natürlich hat ein jeder Familienalltag viele erschöpfende Momente, aber auch mindestens genauso viele, wenn nicht sogar mehr Augenblicke, in denen sich das alles so verdammt richtig anfühlt. Es sind Momente, in denen man genau weiß, warum sich Wehen, schlaflose Nächte, geweinte Tränen und Krümel im ganzen Haus lohnen. Unsere Kinder zeigen uns immer wieder so unmittelbar, worum es im Leben wirklich geht. Und das ist ein großes Geschenk. Denn wenn man mal ehrlich ist, würde man auch ohne Kinder genug Dinge im Leben finden, die einen vielleicht nerven oder phasenweise erschöpfen. Und wahrscheinlich würde man auch andere Gründe finden, sich mit seinem Partner zu streiten. Die Auszeiten ohne Kinder nehmen mit ihrem Älterwerden stetig zu. Manchmal schneller, als einem lieb ist. Darum gilt es in jedem Lebensalter achtsam für das zu sein, was diese Zeit gerade so besonders macht. Ist es anfangs einfach das verzückte Betrachten des Neugeborenen, freut man sich später über die ersten Fortbewegungsversuche, die ersten Wörter oder die übersprudelnde Fantasie der Dreijährigen. Aber auch Schulzeit und Pubertät bieten nicht nur Stress und hormonelles Chaos, sondern immer wieder Freude und Staunen über seine Kinder. Es ist also ratsam, mehr im Hier und Jetzt zu leben und die Familie zu genießen, als darauf zu warten, dass in diesem oder jenem Alter endlich dieses oder jenes vorbei sein wird.

In Bezug auf die Partnerschaft sollte man sich klarmachen, dass die Eltern, so sie denn ein Paar bleiben, den wahrscheinlich größeren Teil ihres Lebens *ohne* die Kinder so dicht an ihrer Seite verbringen werden. Und so sehr man sich *jetzt,*

genau heute, vielleicht das Abendessen zu zweit herbeiwünscht, so oft wird man später vielleicht fast schon gelang-
weilt gar nicht mehr wissen, wohin man an diesem Wochenende zum Essen ausgehen soll. Jede Phase im Leben hat ihre
Hochs und Tiefs, ihre anstrengenden und beglückenden
Momente. Die meisten Menschen würden behaupten, dass
Familie für sie das Wichtigste ist und bisweilen ungeahnte
Kräfte in ihnen frei setzt. Und deshalb sollte man als Familie
auch Kraft aus dem schöpfen, was man gemeinsam erlebt hat
und noch erleben wird. Ein oder mehrere Kinder geben einem sowohl als Individuum wie auch als Paar sehr viel, wenn
man zulässt und offen akzeptiert, dass sich das Leben im Ver-
gleich zu früher einfach deutlich geändert hat.

Und jetzt noch ein Kind?

Wer ein Kind bekommen hat, denkt fast zwangsläufig darüber nach, ob die Familienplanung nun abgeschlossen ist
oder weitere Kinder gewünscht sind. Zwangsläufig auch
deshalb, weil ebenso häufig wie schnell und ungebeten die
Nachfrage dazu von Menschen aus dem Umfeld kommt. Oft
passiert das bereits, wenn das erste Kind noch nicht einmal
seinen ersten Geburtstag gefeiert hat. Diese sehr persönliche Frage wird Eltern noch häufiger gestellt als noch zu kinderlosen Zeiten. Und auch jetzt überschreitet sie für viele
Menschen einfach eine Grenze, weil das Thema grundsätzlich ein sehr intimes ist. Gerade für Paare, die sich ein Kind
wünschen, welches aber auf sich warten lässt, erhöhen Fragen dieser Art den ohnehin schon vorhandenen inneren
Druck. Kaum ist das Wunschkind da, geht die Fragerei wei-

ter. Am besten überlegt man sich für Menschen, mit denen
man nicht seine weitere Familienplanung besprechen will,
eine schlagfertige Antwort, die das Thema an dem Punkt sofort beendet. Ein »mal sehen, was die Zukunft bringt« passt
eigentlich immer. Trotzdem arbeitet die Frage nach weiterem
Nachwuchs in einem selbst weiter und auch bezogen auf den
Punkt Verhütung ist es natürlich ein Thema. 2014 wuchsen
in Deutschland rund 26 Prozent aller Kinder ohne Geschwister auf.[35] Am häufigsten gibt es mit rund 50 Prozent Familien
mit zwei Kindern. Nicht berücksichtigt sind hier Patchwork-
Familienmodelle, in denen Kinder ja auch wie Geschwister
miteinander aufwachsen. Einzelkinder sind also genauso
»normal« wie mehrere Kinder in einer Familie.

Was individuell passt, ist wohl eher eine persönliche als
eine gesellschaftlich definierte Frage. Manche Menschen orientieren sich daran, wie sie selbst in einer Familie groß geworden sind. Auch das unmittelbare Umfeld kann sich auf
die Kinderanzahl auswirken. Wenn man Familien mit einer
größeren Anzahl Kinder als sehr selbstverständlich erlebt,
kann man sich sicherlich viel eher vorstellen, auch mehr als
ein oder zwei Kinder zu haben. Doch auch die momentane
Situation stellt immer wieder Weichen bezüglich dieser Entscheidung. Wenn gerade völlige Erschöpfung das Familienleben beherrscht, ist es wohl eher schwer vorstellbar, wie
man in dieser Situation noch ein weiteres Kind »unterbrin-
gen« soll. Auch ist es für manche Frauen nach einer schwieri-
gen Schwangerschaft oder einer traumatischen Geburt nicht
leicht, sich erneut auf eine Geburt einzulassen. Zu groß sind
die Sorgen, dass sich das Ganze wiederholen könnte.

Was den Kinderwunsch angeht, stimmen die Einstellun-
gen beider Partner oft rein zeitlich betrachtet nicht über-

ein. Das eigene Befinden, das Alter, die Finanzen – es gibt viele Aspekte, die für Vater und Mutter eine unterschiedlich gewichtete Rolle spielen. Allerdings sind gerade die sachlichen Argumente letztlich nicht überzeugend, wenn das weitere Kind ein Herzenswunsch ist. Gleichzeitig dürfen die Bedenken des in Bezug auf den Kinderwunsch skeptischeren Partners nicht einfach übergangen werden.

Das Thema birgt also einiges an Konfliktpotenzial, vor allem dann, wenn beide Partner konsequent vermeiden, über ihre Vorstellungen und Wünsche zu reden. Ein weiterer Kinderwunsch lässt sich allerdings ebenso wenig wegdiskutieren, wie sich die rationalen dagegensprechenden Argumente einfach entkräften lassen. Es bleibt einem Paar, das ein glückliches bleiben möchte, also schlicht nichts anderes übrig, als immer wieder darüber zu sprechen und miteinander abzugleichen, inwieweit sich die Vorstellungen diesbezüglich annähern. Jeder Partner sollte den Wunsch und die Bedenken des anderen anerkennen, auch wenn er nicht derselben Meinung ist. Was wirklich destruktiv für eine Partnerschaft ist, ist, wenn im Alltag versucht wird, Argumente zu finden, die dem anderen aufzeigen sollen, dass nur die eigene Meinung die richtige ist. Wenn sich eine Mutter zum Beispiel ein weiteres Kind wünscht, sollte ihr an Tagen, an denen sie sich über die Anstrengung mit dem bereits vorhandenen Kind beklagt, nicht auch noch erzählt werden, dass sie froh sein sollte, dass jetzt nicht noch ein zweites Kind da sei. Erstens hat das nichts miteinander zu tun und zweitens kann so das Vertrauen verschwinden, seinem Partner alles erzählen zu können.

Ein Paar muss beim besten Willen nicht immer einer Meinung sein, aber es ist wichtig, mit den Vorstellungen und Wünschen des anderen achtsam und respektvoll umzugehen.

Dafür, wie man sich letztlich als Paar in Bezug auf die weitere Familienplanung einig wird, gibt es keine Patentlösung. Es braucht sicherlich viele Gespräche und ausreichend Zeit. Wenn das Gefühl vorhanden ist, diese nicht zu haben oder sich bei Gesprächen dazu nur im Kreis zu drehen, kann eine externe Beratung sinnvoll sein. Manchmal ist es Paaren erst in einem begleiteten Rahmen möglich, einander wieder richtig zuzuhören und zu verstehen, worum es dem anderen wirklich geht.

Elterntagebuch Anja:
die Ein-Kind- und Drei-Kind-Tage

Auch uns brachte und bringt das Elternsein immer wieder an unsere Grenzen. So ging es uns auch schon mit »nur« einem Kind. Allein schon die Vorstellung, noch mehr Kinder zu haben, war mehr als erschöpfend. Und dann gab es aber auch diese vielen wunderbaren Momente, in denen sich das Familienleben einfach nur schön und unkompliziert anfühlte. Diese Tage habe ich immer »Drei-Kind-Tage« genannt, weil ich mir da vorstellen konnte, dass es mit noch mehr Kindern bestimmt noch schöner werden würde. Dass wir wirklich mal drei oder sogar vier Kinder haben würden, wussten wir zu diesem Zeitpunkt noch nicht. Aber wahrscheinlich war das Gefühl, dass es möglich und schön sein könnte, stets mitentscheidend, warum wir uns gerne immer wieder auf die Vergrößerung unserer Familie eingelassen haben.

Wer sich ein zweites oder drittes Kind wünscht, sieht sich vielleicht noch mit anderen Personen konfrontiert, die »mitspre-
chen« wollen. Die Frage nach einem Geschwisterchen wird
bisweilen auch von einem Kind gestellt. Vielleicht, weil im Umfeld gerade Babys geboren werden oder ein Kind das Leben
mit Geschwistern bei Freunden erlebt. Studien belegen zwar,
dass Einzelkinder keine wirklichen Nachteile haben, trotzdem
sind die Vorurteile, dass sie sich zu verwöhnten und egoisti-
schen Menschen entwickelten, immer noch weit verbreitet.[36]
Ein Großteil der Paare in Deutschland wünscht sich vielleicht
auch deshalb zwei Kinder. Nach der Geburt des ersten Kindes
verändert sich dieser Wunsch. Eltern werden Studien zufolge
zuerst einmal unglücklicher, dies gilt besonders für jene Eltern,
die ihr erstes Kind mit 30 Jahren oder älter bekommen. Und
je unglücklicher sich Eltern nach der Geburt des ersten Kindes fühlen, umso unwahrscheinlicher wird es, dass sie ein weiteres Kind bekommen.[37] Dies erscheint logisch, denn die Be-
fürchtung, dass mit einem weiteren Kind das Stresslevel und
die persönliche Unzufriedenheit steigen werden, ist naheliegend. Die Wissenschaftler der dazugehörigen Studie betonen
aber auch, dass dies nur ein vorübergehendes Phänomen sei
und sich trotz einer möglichen Unzufriedenheit nach dem ersten Kind bis zu zwei Kindern langfristig eher positiv auf das Le-
bensglück auswirkten. Weitere Kinder hingegen haben keinen
größeren Einfluss auf die Zufriedenheit der Eltern.[38]

Glücklich zu dritt, zu viert, zu fünf ...

Aber ganz unabhängig von Studien und Daten lassen sich
die persönliche Zufriedenheit und das Glück nur schwer be-
messen. Es ist ja auch nicht vorgesehen, dass unsere Kinder

zu uns kommen, um uns glücklich zu machen, auch wenn sie das letztlich an vielen Stellen tun. Das eigene Wohlbefinden wird von vielen Faktoren und auch von der eigenen Verantwortung dafür beeinflusst. Wer sich mit sich selbst glücklich und zufrieden fühlt, wird auch sein Umfeld anders wahrnehmen als jene Menschen, die gerade in einer eher unzufriedenen Lebensphase stecken.

Man kann mit einem oder mit mehreren Kindern ein glückliches und erfülltes Familienleben haben. Mit mehr als einem Kind werden sich viele schöne Momente der Kindheit wiederholen und die Phase der intensiven Elternschaft verlängert sich ein bisschen. Und tatsächlich wird vieles auch einfacher, weil man gerade bei Geschwistern sehen kann, wie klein doch der elterliche Einfluss ist. Denn auch bei ähnlichem Elternverhalten wird sich jedes Kind sehr individuell entwickeln. Sicherlich tauchen damit auch neue Herausforderungen auf, aber mit sinkendem persönlichem Perfektionsdruck fühlt man sich meist besser dagegen gewappnet. Als Eltern lernt man bereits mit dem ersten Kind schnell, wie sehr Theorie und Praxis auseinanderklaffen. Und trotzdem hat man wohl bei keinem weiteren Kind je wieder einen so hohen Anspruch an sich selbst, es möglichst perfekt zu machen wie beim ersten. Mit dem zweiten Kind zeigt sich viel eher, wie schnell einen diese Strategie an seine Grenzen bringt. Eltern haben gelernt, dass es den Kindern nicht sofort schadet, wenn mal der Fernseher zur Bespaßung eingesetzt wird, weil sie selbst viel zu gerädert sind, um auch nur noch eine einzige Runde »Tempo, kleine Schnecke« mit dem größeren Kind zu spielen. Und das Baby wird trotzdem wunderbar riechen, auch wenn es nicht alle drei Tage badet, was der Haut ohnehin nicht guttut.

Elternsein wird mit jedem Kind einfacher, wenn man sich als Eltern traut, die Messlatte etwas niedriger aufzuhängen. Liebe für viele Kinder ist immer genug da, aber manchmal nicht genug Kraft für selbst gebastelte Oster- oder Weihnachtsdeko oder den aufwendig gebackenen Kuchen. Eine entspannte Badewanne für Mama und eine Tiefkühltorte für den Besuch statt zeitraubender Hausarbeit wird da manchmal sinnvoller sein. Denn unseren kleinen und großen Kindern kann es immer nur so gut gehen, wie es uns selbst geht. Und wenn einen aber Backen, Basteln oder was auch immer entspannt, dann darf dafür der Wäscheberg einen Tag länger liegen bleiben und der Einkauf wird einfach mal online bestellt. Denn im Setzen von Prioritäten wird man meist mit jedem weiteren Kind besser.

Die Ankunft des zweiten Kindes

Trotz wachsender elterlicher Gelassenheit verändert jedes Kind die Familiendynamik und vor allem das zweite Kind ist eine ordentliche Herausforderung. Gerade erst hat es sich die Familie in ihrer Dreier-Konstellation gemütlich gemacht, da wird wieder alles auf den Kopf gestellt und jeder muss erneut seine Rolle neu finden. Vor allem für das erstgeborene Kind bedeutet dies eine besondere Herausforderung, die von den Eltern möglichst einfühlsam begleitet werden muss. Doch die haben mit der Ankunft des neuen Kindes weniger Zeit und bisweilen auch weniger Nerven. Wenn es bisher so war, dass einer »kinderfrei« hatte, wenn zum Beispiel das Baby gerade gestillt oder bei einem Elternteil im Tragetuch spazieren ging, so hat jetzt eigentlich immer

jeder mit einem Kind zu tun. Irgendwie erscheint diese Aufteilung ja auch logisch bei zwei Elternteilen und zwei Kindern. Trotzdem sollte und muss es immer noch kleine Auszeiten für jeden Partner geben. Die ständige »klassische«
Aufteilung funktioniert nicht immer. Natürlich sollte niemand seinem Partner unbedingt das gerade dauertrage-
bedürftige Baby und das völlig übermüdete Kleinkind am
Abend überlassen, um selbst etwas in Ruhe mit Freunden trin-
ken zu gehen. Aber vielleicht kann eine Spielplatzrunde mit
dem Kleinkind und dem Baby im Tragetuch oder Kinderwagen ein Stündchen Entlastung bringen, in dem dann Zeit für
ein entspanntes Wannenbad ist. Mit steigender Kinderzahl
verkürzen sich jedenfalls gefühlt auch die Regenerationspha-
sen von Eltern. So kann eine kleine Auszeit vom Elternjob
wirklich viel zu einem entspannten Familienklima beitragen.

Wenn die Kinder älter werden, kommt tatsächlich auch irgendwann der Punkt, an dem sie sich miteinander beschäftigen. Das heißt: Sie werden zusammen spielen, sich aber auch
immer wieder »gerne« streiten, was Eltern teils moderieren und teils als normale Differenzen laufen lassen müssen.
Läuft alles gut, entlasten die Kinder durch ihr Miteinander
ihre Eltern wieder etwas, allein dadurch bedingt, dass die Eltern nicht mehr so stark als »Alleinunterhalter« gefragt sind.

Andererseits sind die ersten Jahre, vor allem bei Kindern
mit einem geringen Altersabstand, für Eltern oft recht fordernd, eben weil die Bedürfnisse umso größer sind, je kleiner
die Kinder sind. Und auch die Fähigkeit der Kinder, mal auf
eine Sache zu warten, entwickelt sich erst mit der Zeit, weshalb manchmal das Gefühl dominiert, sich zu zerreißen zwischen Babybedürfnissen und Kleinkinderwartungen. Aber
mit jedem weiteren Kind werden Eltern besser darin, ihren

persönlichen Perfektionsanspruch auf ein gesundes Maß herunterzuschrauben. Sehr passend dazu erzählt die Psychologin Donna Ewy in der Einleitung zu ihrem leider nicht mehr erhältlichen Buch »Eine glückliche Familie werden« Folgendes: »Als Margot, unsere erste Tochter, geboren wurde, versuchte ich das zu sein, was ich mir unter einer ›perfekten Mutter‹ vorstellte, und es machte mich stolz und glücklich sogar ihre Schlafanzüge und Strümpfe zu bügeln. Als dann Leon, unser letztes Kind kam, konnte er von Glück reden, wenn er zwei Socken anhatte – und er weiß bis zum heutigen Tage noch nicht, dass Socken üblicherweise dieselbe Farbe haben.«[39]

Auch bei uns zu Hause kommt das Bügeleisen maximal dann zum Einsatz, wenn die Kinder ihre Kunstwerke aus Steckperlen zum Fixieren gebügelt haben wollen. Je mehr Kinder uns als Eltern fordern, umso besser werden wir im Prioritäten setzen. Und wir stellen fest, dass es oft auch »ohne« geht: ohne gebügelte Wäsche, ohne perfekt gedeckte Esstische, ohne tägliche Ordnung in allen Zimmern. Man lernt zu unterscheiden zwischen den Dingen, die einem persönlich wirklich wichtig sind und vermeintlichen Erwartungen von außen. Und wem gebügelte Schlafanzüge wirklich wichtig sind, weil sie zum persönlichen Wohlbefinden beitragen, der wird auch mit mehreren Kindern weiterhin die Zeit fürs Bügeln eben dieser Schlafanzüge finden. Aber dann entsprechend andere Dinge dafür großzügig weglassen. Denn 24 Stunden bleiben 24 Stunden, auch wenn die persönlichen Organisationsfähigkeiten für diese Stunden automatisch wachsen werden. Das passiert nicht von heute auf morgen, und gerade am Anfang der Elternschaft oder mit jedem neuen Kind muss sich jede Familie wieder neu eingrooven. Aber irgendwann steht man da und ist darüber erstaunt, was man auch mit zwei, drei oder mehr Kindern alles schafft. Und man kann sich vielleicht gar nicht mehr so richtig erklären, warum man sich mit dem ersten Kind phasenweise viel überlasteter gefühlt hat.

Elterntagebuch Christian: Die Sicht eines Einzelkindes

Ich bin Einzelkind und Vater von vier Kindern. Hätte mir das 1995 jemand gesagt, ich hätte ihn ausgelacht. Damals waren Kinder gedanklich kein Thema, aber auch nach der Geburt der ersten Tochter dachte ich, dass ein Kind »doch reicht«. Als Einzelkind war ich nie einsam und hatte auch nie das Gefühl, dass etwas fehlen würde. Ich hatte immer viele Freunde, später wurden die Skateboarder meine Brüder und Ersatzfamilie. Dass ich gerne Geschwister gehabt hätte, merkte ich erst viel später. Nach dem Tod meiner Mutter als Zehnjähriger hätte das geholfen. Aber gerade jenseits der 30er-Jahre wären sie bei vielen Entscheidungen und Debatten eine Hilfe gewesen. Heute bin ich froh, dass die vier Kinder sich haben. Das gibt mir ein gutes Gefühl für ihre Zukunft, auch für die Konflikte, die jedes einzelne der Kinder mit uns Eltern haben wird. Gerade dann sind Geschwister eine wertvolle Unterstützung. Und die Dynamik des täglichen Miteinanders zu erleben, ist ohnehin immer wunderbar.

Eltern mit mehreren Kindern sind also keine Superhelden, ein Gedanke, den man schnell hat, wenn man manchmal schon mit »nur« einem Kind an seine Grenzen kommt. Sie haben genauso einen Entwicklungsprozess durchlaufen, um an den Punkt zu kommen, an dem sie sich gerade befinden. Sie haben auch keine besonders belastbare Persönlichkeit, die man haben müsste, um sich auf ein weiteres Kind einzulassen. Man wächst mit seinen Aufgaben. Und auch das Familienleben mit mehreren Kindern hat genauso seine Höhen und Tiefen.

Ob mögliche Probleme, die man sich jetzt gerade ausmalt, überhaupt auftreten, lässt sich ohnehin nicht vorhersagen. Natürlich gehört *immer* ein bisschen Mut dazu, sich auf das Abenteuer Kind einzulassen, aber das gilt für ein Kind genauso wie für zwei oder mehr Kinder. Denn es lässt sich einfach nicht planen, wie das Familienleben verlaufen wird. Deshalb sollte man nicht vom Schlechtesten ausgehen, sondern genau wie bereits in jeder Schwangerschaft am besten primär guter Hoffnung sein. Das gilt insbesondere für Phasen, in denen es gerade mal etwas anstrengender ist.

Die Entscheidung, ob Sie Ihre Familie vergrößern möchten, können wir Ihnen nicht abnehmen, aber Sie vielleicht dazu anregen, gemeinsam über Ihre Vorstellungen und Wünsche diesbezüglich ehrlich miteinander zu sprechen. Denn der Kinderwunsch, auch wenn er bisher nur bei einem Partner vorhanden ist, wird ihre Beziehung herausfordern. Und letztlich lässt sich auch trotz eines gemeinsamen Kinderwunsches ein Kind nie planen. Ob eine Schwangerschaft eintritt und ein Kind geboren wird, ist von vielen Faktoren abhängig. Und wie in Kapitel »Warten aufs Wunschkind« schon beschrieben, kann der Weg dorthin manchmal ganz schön steinig und anstrengend sein. Gerade auch die möglichen

unangenehmen Begleiterscheinungen einer Kinderwunschbehandlung sind in einem Alltag mit Kleinkind ungleich er-
schöpfender. Der Wunsch nach einem weiteren Kind ist für
die meisten Paare genauso groß wie bei dem ersten – und
sollte deshalb auch entsprechend genügend Raum bekommen. Tauschen Sie sich deshalb am besten nur mit Menschen
aus, die Ihnen guttun und die Sie nicht mit einem »Ihr habt
doch schon ein Kind« abspeisen. Sorgen Sie in der Wartezeit
auf Ihr Wunschkind auch gut für sich.

Sollte die Schwangerschaft dann eingetreten sein, wird
sich diese mit einem weiteren Kind häufig anders anfühlen.
Rein körperlich ist sie meist früher sichtbar. Auch Begleiterscheinungen wie Müdigkeit, Erschöpfung und Übelkeit kommen einem vielleicht noch stärker ausgeprägt vor, was sicherlich auch unter anderem daran liegt, dass der Alltag mit Kind
viel weniger Zeit zum Ausruhen lässt. Oft erledigt man noch
Dinge, die einem eigentlich gerade nicht so guttun, weil der
Alltag es einfach erfordert. Zudem wird die Unterstützung
von außen, obwohl die Belastung an sich höher ist, mit jedem zusätzlichen Kind ein bisschen weniger. Wahrscheinlich
deshalb, weil viele Menschen denken, dass man das ja alles
schon kennt und deshalb auch gut hinbekommt. Darum wird
die Entlastung durch den Partner in dieser Zeit noch wichtiger, damit es auch kleine Erholungsphasen geben kann.

Die Geburt ist und bleibt ein wichtiges Thema

Oft ist auch die unmittelbare Anteilnahme der Väter an der
Schwangerschaft etwas geringer. Alles ist nun mal nicht
mehr ganz so neu und aufregend wie beim ersten Mal. Das
muss aber kein Desinteresse bedeuten, wenn sich an ande-

rer Stelle das Bewusstsein für das neue erwartete Kind zeigt.
Es ist oftmals viel wichtiger, dass der Partner mit dem Kleinkind auf den Spielplatz geht und seiner schwangeren Partnerin damit zu einem ruhigen Nachmittagsschlaf verhilft, als
dass er die genaue Schwangerschaftswoche und jeweilige
Entwicklungsphase des Babys im Bauch kennt.

Trotzdem ist es auch immer wieder wichtig, sich gemeinsame kleine Momente auch für dieses Kind zu schaffen. Die
ersten Kindsbewegungen sind genauso berührend wie beim
ersten Mal, egal ob die Mutter sie von innen oder der Vater von
außen spürt. Dafür sollte auch im trubeligen Familienalltag etwas Zeit bleiben. Obwohl vieles vertraut ist, stellen sich auch
ganz neue Fragen, etwa danach, wer das erstgeborene Kind
bei der Geburt betreut. Meist wünschen sich Mütter bei einer
weiteren Geburt, von ihrem Partner begleitet zu werden. Doch
nicht selten ergibt sich ein Betreuungsdilemma, weil sich niemand findet, der für die Geburt als Babysitter abrufbar ist. Bei
einer Hausgeburt können die Geschwister natürlich auch dabei oder in der Nähe bleiben, trotzdem sollte vorab klar festgelegt sein, wer sich um das größere Kind kümmert. Der Vater
kann nicht gleichzeitig adäquat für seine Frau *und* das Kleinkind unter der Geburt präsent sein. Diese Dinge gilt es also
im Vorhinein zu organisieren. Gerade wenn vielleicht eine bisher noch nicht so vertraute Person auf das Kind aufpassen soll,
ist es wichtig, sich genug Zeit zu nehmen, um vorher eine so
gute Bindung herzustellen, dass die Eltern ihr Kind gut betreut
wissen, während sie sich ganz auf die Ankunft des kleinen Geschwisterchens konzentrieren. Überhaupt ist die Geburt auch
beim zweiten Kind ein wichtiges Thema, vor allem dann, wenn
negative Erfahrungen von der ersten Geburt vorliegen. Während bei Ersteltern die Anschaffungen fürs Baby eine große

Rolle spielen, so ist doch vielen Paaren, die erneut Eltern werden, viel wichtiger, eine gute Geburtsbegleitung zu haben.

Auch wenn eine Frau die erste Geburt als positiv und bestärkend erlebt hat, können sich in der erneuten Schwangerschaft Ängste und Sorgen aufbauen. Es ist also sicherlich auch vonseiten des Partners sinnvoll, immer wieder mal nachzufragen, wie es der Partnerin damit geht. Natürlich sollen auch umgedreht Sorgen von väterlicher Seite ausreichend Raum bekommen. Als Paar kann man auch die Termine bei der Hebamme dazu nutzen, um gemeinsam noch offene oder eventuell belastende Dinge zu klären.

Das Wochenbett als Mehrkindfamilie

Auch das Wochenbett sollte gut vorbereitet werden, damit das Baby in Ruhe ankommen kann und sich die Mutter von der Geburt erholen kann. Vieles scheint vertraut, wenn das Baby erst einmal da ist, doch gleichzeitig ist dieses Wochenbett so ganz anders als beim ersten Mal. Es ist zum einen getragen von der Sicherheit zweier Eltern, die sich mittlerweile so kompetent in ihrer Elternrolle fühlen, dass das Herz offen für die Herausforderung war, ein weiteres Kind ins Leben zu begleiten. Sie werden sich beide wahrscheinlich nicht mehr unsicher fragen, was das Baby hat oder braucht oder ob sie gar etwas kaputt gemacht haben.

Natürlich fühlt es sich wieder ein bisschen aufregend an, so ein winzig kleines Menschlein zu halten. Aber diesmal werden Sie sich wesentlich schneller sicherer und gelassen fühlen. Denn machen wir uns nichts vor: Wenn wir unser erstes Kind in den Armen halten und die damit verbundene lebenslange Verantwortung spüren, fühlen wir uns alle ein bisschen wie Anfänger, ganz egal, ob wir davor vielleicht beruflich oder privat bereits viel Kontakt mit Babys hatten. Darauf können einen weder Bücher noch Kurse so richtig vorbereiten. Aber dieses erste Kind bereitet uns wunderbar auf weitere Kinder vor. Mittlerweile hat man sicherlich seinen Weg gefunden und lässt sich von außen nicht mehr so leicht verunsichern.

Auch für den Umgang mit Besuch im Wochenbett hat man wahrscheinlich einen Weg gefunden, der größeren Stress vermeidet. Und wahrscheinlich trauen sich die Eltern auch, klarer individuelle Wünsche zu formulieren. Nutzen Sie diese Klarheit, um zu kommunizieren, dass Sie sich über Unterstützung freuen und wie diese konkret aussehen könnte. Ein gekochtes Essen, ein erledigter Einkauf oder andere erwünschte Hilfe im Haushalt helfen auch Zweifacheltern und gibt ihnen mehr Zeit, den kleinen Neuankömmling in der Familie in Ruhe kennenzulernen und natürlich auch dem Geschwisterkind gerecht zu werden. Gerade für das erstgeborene Kind ist die Veränderung sehr groß und auch nicht immer unbedingt nur positiv besetzt. Denn natürlich spürt das Erstkind, dass weniger Zeit und wahrscheinlich auch anfangs weniger Nerven für es zur Verfügung stehen. Auch für Sie als Eltern fühlt es sich oft so an, als ob Ihr kleines erstgeborenes Kind über Nacht plötzlich riesig groß geworden ist. Damit steigen auch die Erwartungen und man vergisst allzu leicht, dass auch das erste Kind noch viel von den Eltern braucht, gerade in der jetzigen besonderen Situation.

Bei den meisten Eltern ergibt sich aus diesen Herausforderungen schnell eine Rollenaufteilung, bei der Mama und Baby sowie Papa und das ältere Kind jeweils ein Team bilden. Das ist in manchen Punkten sicherlich unabdingbar, da ja das Baby nur von der Mutter gestillt werden kann. Generell ist es aber auch wichtig, dass jeder Zeit mit jedem verbringt. Viele Mütter vermissen die schöne Zeit zu dritt im Wochenbett, wenn Sie »allein« mit ihrem Baby im Bett liegen, während der Vater vielleicht mit dem Kleinkind auf dem Spielplatz unterwegs ist. Vergessen Sie also nicht, dass auch exklusive Mama-Papa-Baby-Momente genauso wichtig sind wie Kuschelphasen im Bett zusammen mit der ganzen Familie.

Beziehen Sie Familie, Freunde und Babysitter in die Betreuung des älteren Kindes ein. Manchmal brauchen Eltern im Wochenbett nur Schlaf oder etwas Ruhe, am besten dann, wenn das Baby schläft. Dann ist es toll, wenn eine vertraute Person etwas Schönes mit dem Geschwisterkind unternimmt – vielleicht auch eine besondere Unternehmung, für die Sie keine Energie hätten. Über Gutscheine für einen Waldspaziergang oder einen Schwimmbadbesuch mit dem großen Geschwisterkind freuen sich Eltern wesentlich mehr als über den zehnten Strampler oder die dritte Spieluhr. Alles, was ein bisschen Ruhe und Erholung verschafft, ist eine gute Idee. Halbwegs ausgeschlafene Eltern sind die beste Voraussetzung dafür, mit viel Verständnis und Geduld zu reagieren, wenn sich das große Kind etwas schwer mit dem neuen Mitbewohner tut. Frisch gebackene Eltern freuen sich immer über gutes Essen. Und zwar welches, das sich schnell auf den Tisch bringen lässt. In der Schwangerschaft vorkochen und einfrieren ist eine gute Option, aber Wochenbettbesucher, die etwas Leckeres vorbeibringen, sind sehr willkommen. Übrigens ist es auch eine gute Idee, wenn der Partner, der viel mit dem Geschwisterkind unterwegs ist, vor Verlassen des Hauses seiner Frau noch einen Teller mit geschnittenem Obst hinstellt.

Auch wenn man sich mit dem zweiten Kind nicht mehr ganz so sehr in der »Wochenbetthöhle« verkriechen kann: Versuchen Sie als Eltern, das Wochenbett einzuhalten und, soweit es machbar ist, es auch zu genießen. Nehmen Sie sich Zeit anzukommen und haben Sie keine Angst, wenn das ganze Familiengefüge zunächst erneut ein wenig auf dem Kopf steht. Es braucht einfach ein Weilchen, bis jeder seine sich individuell gut anfühlende Rolle in dieser Konstellation gefunden hat. Viele Eltern sagen, dass sie sich mit dem zweiten Kind nun noch ein bisschen mehr als richtige Familie fühlen und nicht mehr als »Paar mit Kind«. Das fühlt sich meist auch wohlig und geborgen an. Trotzdem sollten Sie beide neben den vielen täglichen Aufgaben nicht vergessen, dass es das Paar auch weiterhin geben sollte.

Wo bleiben die Eltern als Paar?

Natürlich wird Sie zunächst das Baby so sehr brauchen, dass keine größeren Auszeiten ohne Kind möglich sind – schon gar nicht gemeinsam. Aber nutzen Sie Phasen, in denen beide Kinder schlafen, um sich auszutauschen, auch gerne mal wieder über »Nicht-Kind-Themen«. Körperlich ist vor allem die Mutter sehr gesättigt von Nähe, wenn das Baby permanent an ihr klebt und auch das Kleinkind seine Kuscheleinheiten einfordert. Doch es ist durchaus auch schön und wichtig, sich mal wieder in den Armen seines Partners gehalten zu fühlen. Vielleicht ist die eigene Wohnung dafür geradezu erdrückend, weil alles an Baby und Kind erinnert. Rausgehen und vielleicht einfach mal wieder Händchen halten mit dem Partner kann ein schöner kleiner erster Schritt dazu sein, sich wieder mehr als Paar und nicht nur ausschließlich als Eltern wahrzunehmen.

Wie schon im Kapitel »Liebe und Sexualität« beschrieben, ist die körperliche Intimität und die Sexualität eines Paares etwas sehr Individuelles. Aber denken Sie auch nach dem zweiten oder einem weiteren Kind daran, miteinander im Gespräch darüber zu bleiben, wie es Ihnen gerade damit geht. Oft macht die Erfahrung der Durststrecke in Bezug auf das körperliche Miteinander nach der ersten Geburt alles auch jetzt, nach einer weiteren Geburt, etwas einfacher. Eine mögliche Zurückweisung vonseiten der Partnerin kann etwa vom Mann einfach besser eingeordnet werden, und im Idealfall wissen beide ja, dass die gemeinsame Sexualität wieder zurückkommt. Allerdings muss man schon sagen, dass mit steigender Kinderzahl die Spontaneität in diesem Bereich noch eingeschränkter ist und man die günstigen Gelegenheiten gut nutzen sollte. Das gilt natürlich generell für die gemeinsame Zeit als Paar. Wenn also tatsächlich mal Baby und Kind gleichzeitig schlafen, sollte der Wäscheberg zugunsten gemeinsamer Paarzeit ignoriert werden. Das ist sicherlich die bessere Investition.

Für viele Väter steigt mit jedem Kind mehr der Druck, die zukünftig höheren Lebenshaltungskosten zu generieren. Dieser in vielen Männern verwurzelten »Versorgerrolle« können sie sich nur schwer entziehen. So verbringen manche Väter plötzlich sogar noch mehr Zeit am Arbeitsplatz, obwohl ja gerade zu Hause mit dem weiteren Kind die Aufgaben umfangreicher geworden sind. Es wäre gelogen zu behaupten, dass zwei oder noch mehr Kinder nicht insgesamt mehr kosten würden als eines. Aber sicherlich muss man sich in der sensiblen Zeit des Wochenbettes und den ersten anstrengenden Babymonaten nicht gleich darüber Gedanken machen, wie man jetzt das Geld verdient, um seinen Kindern später das Studium zu finanzieren. Wenn einen die Zukunftsängste packen, hilft es meist, ins Hier und Jetzt zurückzukommen und sich darauf zu besinnen, dass doch (hoffentlich) gerade alles so ganz gut ist, wie es ist. Ohnehin lässt sich das Leben nur schwer planen, ob nun ohne oder mit Kindern. Vermeiden Sie es deshalb besser, Artikel zu lesen, die Ihnen exemplarisch vorrechnen, wie teuer ein Kind bis zum Zeitpunkt seiner vermeintlich kompletten Selbstständigkeit sein kann. Außer mehr Druck werden Ihnen diese ganzen Berechnungen ohnehin nichts bringen und letztlich ist das alles auch nur Statistik, die nun mal nicht 1:1 auf jede persönliche Situation anwendbar ist.

Auch wenn es uns oft anders suggeriert wird, so gibt es doch keine abschließende Sicherheit im Leben – weder im beruflichen noch im gesundheitlichen Bereich. Und auch Versicherungen können uns niemals gegen alles absichern. Das Vertrauen darauf, dass ich trotzdem mein Leben und auch mein Wohlbefinden selbst mitgestalten kann, ist wohl die beste Strategie gegen die Verunsicherungen, die einen als Eltern immer wieder mal erwischen. Tauschen Sie als Paar auch Ihre möglichen Sorgen diesbezüglich miteinander aus. Wieder gilt: Selten sind beide Partner am gleichen Punkt und so kann der eine den anderen doch immer wieder etwas auf den Boden der Tatsachen zurückholen.

Gemeinsames bewusst genießen

Teilen Sie vor allem aber auch schöne Momente miteinander. Wenn die vielen kleinen Glücksmomente überwiegen, hat man stets gute Ressourcen für anstrengendere Zeiten. Alle Eltern lieben es wohl, ihre schlafenden Kinder anzusehen. Plötzlich sehen sie wieder so klein und friedlich aus, egal wie anstrengend die letzten Stunden davor waren. Teilen Sie solche Momente miteinander. Der Abwasch kann warten! Setzen Sie sich zusammen ins Kinderzimmer und schauen Sie Ihren Kindern einfach mal gemeinsam beim Spielen zu, anstatt die Zeit »sinnvoll« zu nutzen. Erinnern Sie sich immer wieder gegenseitig an schöne Familienmomente, gerade in anstrengenden Zeiten. Schreiben Sie sich die wunderbaren Wort- und Satzkreationen Ihrer noch kleinen Kinder auf, kleben Sie den Zettel an die Kinderzimmertür und Sie schmunzeln noch Monate oder Jahre später darüber. Auch das gemeinsame Anschauen von Fotos wirkt verbindend. Vielleicht gibt es ja auch noch Bilder aus ihrer gemeinsamen Zeit, bevor Sie Kinder hatten. Holen Sie diese hervor und erinnern Sie sich. Wahrscheinlich werden auch Ihre Kinder je nach Alter großes Interesse daran haben, zu hören, wie das Leben von Mama und Papa früher mal war. Gemeinsame Erlebnisse aber auch gemeinsame Erinnerungen verbinden als Familie wie auch als Paar.

Ebenso wichtig ist aber auch Zeit für sich selbst. Beim ersten Kind hatte automatisch einer »kinderfrei«, während sich der andere Partner um das Kind kümmerte. Wenn mehr als ein Kind im Haus ist, neigen viele Eltern zu der Aufteilung, dass jeder sich jeweils mit einem Kind beschäftigt. Somit bleibt aber dann tatsächlich meist kaum noch Zeit für sich selbst. So schaffen es viele Wöchnerinnen beim zweiten Kind nicht einmal, das zehnminütige Sitzbad zu machen, das die Hebamme empfohlen hat. Und das dient ja noch nicht einmal primär dem persönlichen Wohlbefinden, sondern der Wundheilung einer möglichen Geburtsverletzung. Mit Kindern im Haus gibt es immer etwas zu tun, umso mehr, je mehr davon da sind. Auszeiten müssen also noch konsequenter für sich reklamiert werden, denn von alleine wird man kaum dazu kommen. Gerade die Mütter denken oft, dass es dem Partner nicht zuzumuten ist, sich gleichzeitig um Baby und Kleinkind zu kümmern. Aber das ist natürlich genauso zumutbar wie für die Mütter selbst. Das Baby kann zum Beispiel gerade in der ersten Zeit wunderbar einfach bei Papa im Tragetuch schlafen, während dieser sich mit dem größeren Kind beschäftigt. Oder die Mutter liest dem großen Kind etwas vor, während das Baby neben ihr im Wochenbett schläft – oder auch beim Stillen, wenn das für sie passt. Denn natürlich müssen auch Väter im Wochenbettchaos ab und zu mal durchatmen. »Üben« Sie deshalb möglichst von Anfang an, auch allein mit mehreren Kindern zurechtzukommen. Zeitlich kann man da in kleinen Häppchen beginnen. Machen Sie umso mehr Abstriche bei anderen Dingen, je mehr Kinder gleichzeitig betreut werden müssen. Es wird auch später im Alltag immer wieder dazu kommen, dass alle gleichzeitig etwas von den Eltern wollen. Das geht aber in der Regel nicht, also atmen Sie tief durch und erledigen Sie die Dinge nacheinander. Finden Sie sinnvolle Kompromisse und bürden Sie sich nicht allzu viele Regeln im Erziehungsalltag auf, die Ihnen letztlich nur selbst das Leben schwerer machen. Besprechen Sie als Paar, was Ihnen wirklich wichtig ist und in welchen Punkten es gerne mal ein bisschen lockerer laufen darf – gerade dann, wenn ein Partner für alle Kinder allein verantwortlich ist. Letztgeborene erzählen ja häufig, dass sie von allen Kindern einer Familie die wahrscheinlich entspannteste Kindheit mit den größten Freiheiten hatten. Beim ersten Kind ist vieles von Elternseite her noch ein Ausprobieren. Mit jedem weiteren Kind haben die Eltern ihren Weg schon ein Stückchen mehr gefunden. Von unseren Erstgeborenen lernen wir als Eltern wohl immer am meisten – über Kinder generell, aber auch über uns selbst als Eltern.

Die Gelassenheit, sich möglichst lächelnd von zu hohen Idealen zu verabschieden, ist nicht immer leicht zu finden, aber wohl unabdingbar, je mehr Kinder einen fordern.

Prioritäten setzen

Je größer eine Familie ist, umso mehr Aufgaben finden sich. Das Gefühl,»mit allem fertig« zu sein, stellt sich also nicht so schnell oder überhaupt nicht mehr ein. Setzen Sie darum Prioritäten! Stellen Sie sich die folgenden Fragen, wenn die To-do-Liste Sie zu überrollen droht.

- Muss diese Aufgabe wirklich sofort erledigt werden?
- Was passiert, wenn ich das jetzt nicht oder erst später erledige?
- Kann ich diese Aufgabe vielleicht an jemanden abgeben?
- Was würde ich jetzt eigentlich gerne tun, damit es mir gut geht?
- Woran möchte ich mich in 20 Jahren erinnern, wenn ich an den heutigen Tag denke?
- Was habe ich mir selbst heute schon Gutes getan?

Meist stellt man fest, dass eigentlich *gerade jetzt* doch Zeit für eine Tasse Kaffee ist und dass diese sogar Priorität haben könnte.

Ausblick in die Zukunft als Eltern

In diesem Buch geht es vor allem um die ersten Elternjahre und wie man diese gemeinsam als Paar gut gestalten kann, ohne dabei selbst völlig auf der Strecke zu bleiben. Wenn die Kinder noch klein sind, ist es schwer vorstellbar, dass Ihr Leben irgendwann wieder ganz anders aussehen wird als jetzt zwischen Schlaflosigkeit, Windelwechseln und Körperpflegenotstand. Aber ja, Sie werden Gespräche miteinander und mit Freunden wieder ausgiebig zu Ende führen können, ohne ständig unterbrochen zu werden. Und Sie werden am Wochenende beim Frühstück wieder Zeit für einen zweiten Kaffee und das ausführliche Lesen der Zeitung haben. Es ist auch so, dass Sie irgendwann nicht mehr ständig über die Spielzeuge Ihrer Kinder stolpern werden. Diese Zeit wird kommen. Und wahrscheinlich werden Sie vieles, was Sie jetzt Kraft und Nerven kostet, sogar vermissen.

Wenn Sie ein Kind haben, wird Ihnen das Haus mit dem Auszug Ihres Kindes wahrscheinlich plötzlich sehr leer und ruhig vorkommen. Mit mehreren Kindern zieht sich diese Phase etwas länger hin, doch irgendwann ist auch das letzte Kind einer Familie groß geworden und geht in die Welt hinaus. Irgendwann wird es im unmittelbaren Zusammenleben also wieder primär um das Paar gehen. Sorgen Sie bereits jetzt dafür, dass Sie die neue gemeinsame »ungestörte« Zeit dann auch genießen können. Es ist deshalb wichtig, dass Sie Ihren Partner in den intensiven und fordernden Familienjahren nicht nur als Mutter oder Vater Ihrer Kinder wahrnehmen. Vielleicht machen Sie jetzt gerade den Urlaub an der Ostseeküste, der für die Familienbedürfnisse am entspann-

testen ist. Träumen Sie aber ruhig ab und an von den Fern-
reisen, die Sie vielleicht gemeinsam machen, wenn die Kinder größer sind. Erinnern Sie sich an die schönen Momente
Ihrer Beziehung, bevor Sie Eltern wurden. Genießen Sie den
Augenblick im Hier und Jetzt und freuen Sie sich auf die Zukunft.

Wenn Sie das Hier und Jetzt als die schönste Zeit begrei-
fen, wird auch das Hier und Jetzt in der Zukunft schön werden. Sie werden trotz aller Anstrengungen und Herausforderungen eine gute Chance haben, diese Zeit dann ebenso als
glückliches Paar von jugendlichen und erwachsenen Kindern
zu erleben. Diese Zeit mag kaum greifbar weit weg in der Zukunft liegen, aber auch das Fundament für diese Jahre gießen
Sie heute an jedem einzelnen Tag. Und es mag vielleicht der
Satz sein, der sich am häufigsten wiederholt in diesem Buch,
aber man kann ihn nicht oft genug sagen und aufschreiben:
Reden Sie miteinander. Teilen Sie sich Ihrem Partner mit, lassen Sie ihn die Probleme hören, die Sie haben, denn dann
haben Sie eine sehr gute Chance, als Paar jenseits der Kinderjahre glücklich zu sein. Und natürlich freuen sich Ihre
Kinder auch über glückliche Großeltern – aber das Thema
liegt in noch fernerer Zukunft.

Anhang

Anmerkungen

1 Viresha J. Bloemeke/Anja Erfmann: Psychologie und Psychopathologie für Hebammen, Hippokrates-Verlag 2007, S.38–39

2 Ulrich Mees: Liebe und Verliebtsein, https://www.uni-oldenburg.de/aktuelles/einblicke/25/liebe-und-verliebtsein

3 Berufsverband der Frauenärzte e.V., http://www.frauenaerzte-im-netz.de/de_ungewollt-kinderlos_75.html

4 https://www.kindersehnsucht.de

5 Franziska Ferber: Unsere Glückszahl ist die Zwei. Wie wir uns von unserem Kinderwunsch verabschiedeten und unser neues, wunderbares Leben fanden, Eden Books 2016

6 zitiert aus: Nicola Wilbrand-Donzelli, Trennungsgrund Kind. Wenn das Elternsein in die Krise führt, http://www.t-online.de/eltern/erziehung/alleinerziehend/id_56924968/wenn-kinder-zum-trennungsgrund-werden.html

7 Bund Deutscher Hebammen (Hrsg.): Geburtsvorbereitung. Kurskonzepte zum Kombinieren, Hippokrates-Verlag 2008, S. 180:»Der Zeitkuchen (24 Stunden)« nach Thea Vogel

8 Karl Heinz Brisch: SAFE® – Sichere Ausbildung für Eltern, Klett-Cotta Verlag 2017

9 Donna Ewy: Eine glückliche Familie werden. Lebensgestaltung für Paare, Rowohlt 1995, S. 10

10 Ebda.

11 Tara Franke: »Fragen oder nicht fragen? Vom achtsamen Umgang mit einem Tabu«, in: Hebammenforum 2011, http://www.hebammenhandwerk.de/Tara_Franke_Hebammenforum_2011_Frage_nach_Traumata.pdf

12 Francine de Montigny/Marie-Eve Girard/Carl Lacharité/Diane Dubeau/Annie Devault: Psychosocial factors associated with paternal postnatal depression; http://www.sciencedirect.com/science/article/pii/S0165032713001730

13 Dunja Voos: Postpartale Depression. Die Leiden der jungen Väter; http://news.doccheck.com/de/38183/postpartale-depression-leiden-jungen-vaeter/

14 Paul G. Ramchandani/Thomas G. O'Connor/Jonathan Evans/Jon Heron/Lynne Murray/Alan Stein: »The effects of pre- and postnatal depression in fathers: a natural experiment comparing the effects of exposure to depression on offspring«, in: The Journal of Child Psychology and Psychiatry 2008; http://onlinelibrary.wiley.com/doi/10.1111/j.1469-7610.2008.02000.x/full

15 http://www.schatten-und-licht.de/joomla/static_content/Dokumente/ fragebogenselbsteinschaetzung.pdf

16 nach J. L. Cox, J. M. Holden & R. Sargovsky, 1987

17 http://www.schatten-und-licht.de/joomla/static_content/Dokumente/ fragebogenselbsteinschaetzung.pdf

18 Jesper Juul: »Konflikte zwischen Kindern«; Artikel erschienen bei familylab: http://familylab.de/files/artikel_pdfs/familylab-artikel/ konflikte_zwischen_kindern.pdf

19 https://www.bmfsfj.de/blob/93786/bf2701b4762d-fda3a843780c36b62c65/familienreport-2010-data.pdf

20 Nancy Mc Elwain: »Mother- and father-reported reactions to children's negative emotions: relations to young children's emotional understanding and friendship quality 2007«; http://www.pubfacts.com/detail/17883439/ Mother-and-father-reported-reactions-to-childrens-negative-emotions-relations-to-young-childrens-emo

21 Sarah M. Allen / Alan J. Hawkins: »Maternal Gatekeeping: Mothers' Beliefs and Behaviors That Inhibit Greater Father Involvement in Family Work«, in: Journal of Marriage and Family; Vol. 61, No. 1 (Feb., 1999), S. 199–212

22 Carsten Dierig: »Deutsche geben Milliarden für Babyausstattung aus«; Welt online: https://www.welt.de/wirtschaft/article132005291/ Deutsche-geben-Milliarden-fuer-Babyausstattung-aus.html

23 Hans-Joachim Ahrendt / Cornelia Friedrich / Peter Dreyer: »Sexualität in der Schwangerschaft und post partum«; http://www.frauenaerztinnen-friedrich-elste.de/Publikationen/ Sexualitaet_Schwangerschaft.pdf
M.M. Berner / A. Wendt / L. Kriston / A. Rohde: »Erleben der Sexualität nach Schwangerschaft und Entbindung«, in: Geburtshilfe Frauenheil-kunde 2005; 65 (8),S. 751–60

24 Michele Rindlisbacher-Zaugg: »Sexualität nach der Geburt. Entspannten Umgang finden«, in: hebamme.ch 05/2009; http://www.hebamme.ch/x_data/heft_pdf/2009-05-04_08.pdf

25 Lee T. Gettler / James J. McKenna / Thomas W. McDade / Sonny S. Agustin / Christopher W. Kuzawa, »Does Cosleeping Contribute to Lower Testosterone Levels in Fathers? Evidence from the Philippines«; http://dx.doi.org/10.1371/journal.pone.0041559

26 Gaca / Stern, Das Wochenbett, Kösel-Verlag 2016

27 B.A. Gross / H. Burger: »Breastfeeding patterns and return to fertility in Australian women«, in: Australian and New Zealand Journal of Obstetrics and Gynaecology, 2002 April, 42 (2), p. 148–154

28 Michele Rindlisbacher-Zaugg: »Sexualität nach der Geburt. Entspannten Umgang finden«, in: hebamme.ch 05/2009; http://www.hebamme.ch/x_data/heft_pdf/2009-05-04_08.pdf

29 Jesper Juul: Das Familienhaus, Kösel-Verlag 2012

30 William Sears / Martha Sears: Das Attachment Parenting Buch, Tologo Verlag 2012

31 Ragnar Beer: »Sexuelle Unzufriedenheit in der Partnerschaft häufigste Ursache für Seitensprung«, https://www.uni-goettingen.de/en/3240. html?cid=1668

32 Destatis, Statistisches Bundesamt, Statistisches Jahrbuch 2015, S.33, https://www.destatis.de/DE/Publikationen/StatistischesJahrbuch/ Bevoelkerung.pdf?__blob=publicationFile

33 J. S. Wallerstein / J. M. Lewis / S. Blakeslee: Scheidungsfolgen – Die Kinder tragen die Last. Eine Langzeitstudie über 25 Jahre, Votum Verlag 2002

34 http://www.karin-jaeckel.de/medien/pdf/20Bitten_MehldornGrabiger_ Broschuere.pdf

35 Statistisches Bundesamt Wiesbaden; http://www.faz.net/aktuell/ gesellschaft/jedes-vierte-kind-in-deutschland-ist-ein-einzelkind-13810432.html

36 Hella Kemper: »Allein – und gemein?«, in: Zeit Online vom 11.10.2011; http://www.zeit.de/zeit-wissen/2011/06/Psychologie-Einzelkinder

37 M. Myrskylä / R. Margolis: »Parental Well-being Surrounding First Birth as a Determinant of Further Parity Progression Demography«; https://www.mpg.de/9338415/eltern-zufriedenheit-geburt

38 M. Myrskylä / R. Margolis: »Happiness: before and after the kids«, in: Demography, Volume 51 Issue 5, S. 1843–1866; https://www.mpg.de/9314846/eltern-zufriedenheit

39 Donna Ewy: Eine glückliche Familie werden, Rowohlt 1995

Literatur

Bloemeke, Viresha J.: Es war eine schwere Geburt. Wie schmerzliche Erfahrungen heilen, Kösel 2015

Evers, Momo / Friedemann, Ellen-Verena: Handbuch Adoption. Der Wegweiser zur glücklichen Familie, Südwest 2014

Gerlach, Stephanie: Regenbogenfamilien. Ein Handbuch, Querverlag 2010

Graf, Danielle / Seide, Katja: Das gewünschteste Wunschkind aller Zeiten treibt mich in den Wahnsinn. Der entspannte Weg durch Trotzphasen, Beltz 2016

Harthun, Karoline: Nicht von schlechten Müttern. Abenteuer Regenbogenfamilie, Kösel 2015

Jakob, Ramona: Wenn der Traum von Familie platzt. Ein Mutmachbuch bei Trennung und Scheidung, Kösel 2012

Kohn, Alfie: Liebe und Eigenständigkeit. Die Kunst bedingungsloser Elternschaft jenseits von Belohnung und Bestrafung, Arbor 2010

König, Jochen: Mama, Papa, Kind? Von Singles, Co-Eltern und anderen Familien, Herder 2015

Largo, Remo H. / Czernin, Monika: Glückliche Scheidungskinder. Was Kinder nach der Trennung brauchen, Piper 2015

Lüpold, Sibylle: Ich will bei euch schlafen! (Ein-)Schlafen mit Co-Sleeping, Herder 2014

Mierau, Susanne: Geborgen wachsen. Wie Kinder glücklich groß werden und Eltern entspannt bleiben, Kösel 2015

Rebisch, Tobias: Zwei Papas und ein Baby. Unser Leben als (fast) ganz normale Familie, Heyne 2016

Renz-Polster, Herbert: Kinder verstehen. Born to be wild: Wie die Evolution unsere Kinder prägt, Kösel 2015

Renz-Polster, Herbert / Imlau, Nora: Schlaf gut, Baby! Der sanfte Weg zu ruhigen Nächten, Gräfe und Unzer 2016

Rosenberg, Marshall B.: Gewaltfreie Kommunikation. Eine Sprache des Lebens, Junfermann 2016

Runge, Sandra: Don't worry, be Mami. Juristisches Know-how rund um Schwangerschaft, Geburt und Elternsein, Blanvalet 2017

Sahib, Tanja: Es ist vorbei – ich weiß es nur noch nicht. Bewältigung traumatischer Geburtserfahrungen, Books on Demand 2016

Schmidt, Nicola: artgerecht. Das andere Baby-Buch, Kösel 2015

Schrimpf, Ulrike: Wie kann ich dich halten, wenn ich selbst zerbreche? Meine postpartale Depression und der Weg zurück ins Leben, Südwest 2013

Stern, Loretta / Gaca, Anja Constance: Das Wochenbett. Alles über diesen wunderschönen Ausnahmezustand, Kösel 2016

Voelchert, Mathias: Trennung in Liebe … damit Freundschaft bleibt, Kösel 2006

Voelchert, Mathias: Zum Frieden braucht es zwei, zum Krieg reicht einer. Wie Paare Konflikte in Liebe lösen, Kösel 2016

Wiegers, Petra: Nur die Liebe fehlt – Von Depression nach der Geburt und Müttern, die ihr Glück erst finden mussten, Patmos 2016

MIX
Papier aus verantwor-
tungsvollen Quellen
FSC® C083411

Verlagsgruppe Random House FSC® N001967

Copyright © 2017 Kösel-Verlag, München,
in der Verlagsgruppe Random House GmbH
Neumarkter Straße 28, 81673 München
Umschlag: Weiss Werkstatt München
Umschlagmotiv: plainpicture/Runar Lind
Lektorat: Melanie Hartmann, Fürstenfeldbruck
Satz: Uhl + Massopust, Aalen
Druck und Bindung: CPI books GmbH, Leck
Printed in Germany
ISBN 978-3-466-31085-2
www.koesel.de

Dieses Buch ist auch als E-Book erhältlich.

Alles Wichtige für die Flitterwochen zu dritt

Das Wochenbett ist für alle Beteiligten ein Abenteuer – sowohl für das Kind als auch für die Eltern ist alles neu und aufregend. Viele unterschätzen die Bedeutung dieser ersten Wochen. Die Autorinnen informieren umfassend und aufschlussreich, bieten praktische und emotionale Hilfestellungen und holen vor allem auch die Väter mit ins Boot.